Karl Wilhelm Friedrich von Schlegel

Lucinde

루친데

1판 1쇄 발행 2021년 9월 15일

지은이 | 프리드리히 슐레겔
옮긴이 | 이미선
발행인 | 신현부

발행처 | 부북스
주소 | 04613 서울시 중구 다산로29길 52—15[신당동], 301호
전화 | 02 – 2235 – 6041
팩스 | 02 – 2253 – 6042
이메일 | boobooks@naver.com

ISBN 979-11-91758-05-4
ISBN 978-89-93785-07-4 [세트]

부클래식

089

루친데

프리드리히 슐레겔

이미선 옮김

부북스

차례

서문

페트라르카[1]는 감격에 겨워 미소를 지으며 자신의 불멸의 로만체[2] 모음집을 쳐다보더니 펼쳐본다. 명석한 보카치오는 자신의 호화로운 책의 시작과 끝에 모든 여성에게 정중하고 감미로운 말을 건넨다. 고상한 세르반테스[3]조차 늙어 죽음의 고통을 당하면서도, 여전히 다정하고 상냥한 유머를 담뿍 담아, 자신의 생생한 작품들의 다채로운 장관들을 서문이라는 값비싼 태피스트리로 감싼다. 이 서문 자체가 이미 아름답고 낭만적인 그림이다.

---

1   프란체스코 페트라르카(Francesco Petrarca, 1304~1374): 이탈리아 작가. 단테와 보카치오와 함께 르네상스 인문주의의 대표자 중의 하나이며, 초기 이탈리아 문학의 중요 인물.

2   로만체: 민요조의 설화시. 주로 영웅담이나 사랑의 모험을 내용으로 함.

3   미구엘 드 세르반테스(Miguel de Cervantes Saavedra, 1547~1616): 스페인 작가. 《돈키호테》 저자.

풍요롭고 자애로운 땅에서 멋진 식물 한 포기를 뽑아보아라, 그러면 오직 메마른 사람한테는 쓸데없어 보일 수도 있는 그런 많은 것들이 사랑스레 그 나무에 달려 있을 것이다.

그런데 나의 영혼은 나의 아들에게 무엇을 주어야 할까? 나의 영혼처럼, 시는 부족하고 사랑은 풍부한 그에게.

오직 한마디, 작별을 위한 하나의 이미지—당당한 독수리만이 까마귀들의 깍깍거림을 경멸할 수 있는 것이 아니라, 백조 또한 당당하여 까마귀 울음에 신경 쓰지도 않는다. 백조는 하얀 제 날개의 광채를 깨끗이 지키는 것 외에 어떤 것에도 신경 쓰지 않는다. 백조는 다치지 않게 레다[4]의 품에 파고들어 가서, 모든 필멸자의 그림자를 노래로 속삭이는 것만을 생각한다.

4　레다(그리스어: Λήδα): 그리스 신화의 인물. 아이톨리아의 왕 테스티우스의 딸이며 스파르타의 왕 틴다레오스의 아내이다. 제우스는 레다의 아름다움에 반해, 독수리에게 쫓기는 백조로 변해서 그녀의 품에 안겼고 그녀와 동침했다. 같은 날 레다는 남편 틴다레오스와도 동침했는데, 레다는 나중에 알 두 개를 낳았다. 그녀가 낳은 헬레네, 클리타임네스트라, 카스토르, 폴리데우케스 중 누가 알에서 태어났는지는 불분명하고 전승에 따라 다르다. 헬레네와 폴리데우케스가 알에서 나왔다는 설이 있다.

미숙한 자의 고백

율리우스가 루친데에게

인간 그리고 인간이 원하고 행하는 것, 그것을 회상할 때마다 그건 마치 움직임 없는 잿빛 형상처럼 보였어. 하지만 나를 둘러싼 성스러운 고독 속에 있는 모든 것은 빛이고 색깔이었어. 생명과 사랑의 신선하고 따뜻한 숨결이 살랑거리며 내게 불어와, 울창한 작은 숲의 모든 가지들 속에서 활기를 띠었지. 나는 한꺼번에 이 모든 것을 보고 즐겼어. 힘찬 새싹, 하얀 꽃과 황금빛 과일을 말이야. 그리고 그렇게 또 나는 내 영혼의 눈으로 영원하고 유일한 단 한 사람의 연인, 어느 때는 어린애 같은 소녀이고 어느 때는 사랑과 여성성이 만개하고 에너지가 넘치는 여성, 어느 때는 진지한 소년을 품에 안은 기품 있는 어머니, 이렇게 다양한 모습을 보이는 그 연인을 보았어. 나는 봄을 들이마시며, 내 주변의 영원한 청춘을 분명히 보고, 미소 지으며 말했지, "비록 이 세상이 가장 좋거나 쓸모 있지는 않더라도, 나는 이것이 가장 아름답다는 것을 알고 있어." 이런 느낌이나 생각을 가진 나를, 일반적인 의혹이나 두려움, 그 어떤 것도 방해할 수 없었을 거야. 왜냐하면 나는 자연에 감춰진 것을 깊이 바라본다고 생각했거든. 모든 것은 영원히 살며, 죽음조차 다정하고, 죽음이란 그저 미혹일 뿐이라고 느꼈어. 하지만 사실 나는 이런 생각을 많이 하지는 않아. 적어도 추상적인 개념을 분류하고 분석하는 일은 내게 썩 어울리지 않아. 대신에 삶의 향료와 감각의 꽃, 정신적 쾌락뿐만 아니라 감각적 환희가 솟아나는 기쁨과 고통의 모든 혼합과 뒤섞임에 기꺼이 그리고 깊이 빠져들지. 미묘한 열기가 내 혈관을 타고 밀려들어왔어. 내가 꿈꾸는 것은 단순한 입맞춤, 너의 팔에 안기는 그런 것이 아니었어. 그리움의 아픈 고통을 깨버리고, 헌신 속의 달콤한 열꽃을 식혔으면 하는 그런 단순한 소망이 아니었어. 너의 입술만을 그리워하거나, 너의 눈, 너의 육체만을 그리워하는 게 아니었단 말이야. 그것은 이 모든 것의 낭만적인 뒤죽박죽, 굉장히 다양한 회상과 그리움의 놀라운 혼합이었어. 갑자기 너의 실제 모습과 네 얼굴에 피어나는 한 줄기 기쁨의 빛이, 이 외로운 자아를 완전히 불붙이자, 남녀의 경솔한 언행의 모든 신비가 내 주변을 떠도는 것 같았어. 이제 위트와 황홀함이 번갈아 나타나기 시작하고, 하나 된 우리 삶의 함께 고동치는 맥박이 되었지. 우리는 신앙심만큼 거칠 것 없는 탐욕으로 서로를 포옹했어. 나는 너한테 완전히 한 번 광란에 빠져보라고 간청했고, 탐욕스러운 사람이 되라고 애원했지. 그러면서도 나는 냉정한 신중함을 유지하며 갖가지 희미한 기쁨의 행렬에 귀를 기울였어. 나한테서 단 하나의 흔적이라도 무심결에 벗어나가지 않도록, 조화에 어떤 결함이 남지 않도록 말이야. 나는 순전히 유쾌함 그 자체를 즐겼을 뿐만 아니라, 느끼고 또 누렸어.

정말 사랑하는 루친데, 너는 유난히 영리해서 아마 벌써 오래 전에 이 모든 것이 아름다운 꿈에 불과하다는 걸 짐작했을 거야. 유감스럽지만 정말 그렇기도 해. 그리고 우리가 적어도 그중의 일부는 곧 실현할 수도 있지 않을까 하는 희망을 품을 수 없다면, 나는 몹시 슬퍼할 거야. 사실 나는 방금 전에 창가에 서 있었어. 얼마나 오래 서 있었는지는 잘 몰라. 이성과 관습의 서로 다른 명령 때문에 그땐 시간의 감각도 완전히 잊었으니까. 아무튼 나는 창가에 서서 밖을 내다보았어. 정말로 이 아침은 아름답다는 말을 들을 만해. 대기는 고요하고 참 따뜻해. 그리고 내 눈앞에 있는 초록도 아주 신선해. 마치 평원이 부드럽게 오르락내리락 하듯이, 은빛으로 반짝이며 잔잔하고 넓은 강이 크게 원을 그리며 그렇게 굽이굽이 흐르고 있어. 강의 수면 위를 헤엄치는 백조처럼 흔들리던 사랑하는 자의 상상이 멀리 뻗어 무한 속으로 서서히 사라질 때까지 말이야. 숲과 그 숲의 남쪽 분위기에 대한 나의 상상은 아마 여기 내 곁에서 주렁주렁 달린 오렌지와 커다란 꽃다발 덕이었을 거야. 나머지 모든 것은 심리 상태로 쉽게 설명할 수 있어. 사랑하는 친구야, 그것은 환상이었어. 조금 전 내가 창가에 서서 아무것도 하지 않았다는 것, 지금은 여기 앉아 뭔가—아무것도 안하는 것보다는 조금 더 하거나 조금 덜 하는 것—를 한다는 것을 제외하고는 모든 게 다 환상이었어.

내가 나 자신과 했던 말을 여기까지 썼을 때, 너무나 멋지고 복잡하게 뒤얽힌 우리 포옹의 극적인 상호관계를 다정하게 생각하고 신중하게 느끼고 있던 참에, 무례하고 무뚝뚝한 우연이 방해를 했어. 막 이런 생각이 들었거든. 우리의 경솔함과 나의 서투름에 대한 정확하고 가감 없는 이야기를 명료하고 진솔한 문장으로 네 앞에 펼쳐 보이자, 또 매우 아름다운 삶 속에 숨어있는 중심을 공격하는 우리의 오해에 대해 차례차례 점진적으로 자연의 법칙에 따라 진행하는 설명을 전개해보자, 그리고 내가 서툴러서 생긴 여러 가지 일들을 표현하자, 그와 함께 내 남성성의 견습 기간에 대해서 표현하자, 이렇게 말이야. 그런데 이 시기 전체나 일부분을 돌이켜 볼 때마다 나는 수없이 미소를 짓고, 약간의 애상, 충분한 자기만족을 느끼지 않을 수 없어. 하지만 나는 교양 있는 애인이자 작가로서 이 거친 우연을 발전시켜, 목적에 맞게 이것을 형상화하려고 해. 나를 위해서, 이 글을 위해서 그리고 이 글에 대한 내 사랑과 그 글 자체의 형성을 위해서 다음의 것보다 더 적절한 목적은 없어. 즉 처음부터 우리가 질서라고 부르는 것을 파괴하여 없애버리고, 그 질서에서 멀리 떨어져서 매력적인 혼란의 권리를 명확히 내 것으로 만들어서 행동으로 주장하는 것보다 더 적절한 목적은 없다는 거야. 다음 것이 더욱더 절실해. 왜냐하면 우리의 삶과 사랑이 내 정신과 펜에 부여한 소재는 정말 멈출 수 없을 정도로 진보적이고 아주 단단할 정도로 체계적이기 때문이지. 이제 우리의 삶과 사랑이 또 형식이 된다면, 독특한 성격을 가진 이 편지는 그로 인해 대단한 조화와 단조로움을 갖게 될 것이고, 편지가 하고자 하는 일과 해야만 하는 일, 즉 숭고한 조화와 흥미로운 즐거움의 가장 아름다운 카오스를 모방하고 보충하는 일은 더 이상 할 수 없을 거야. 그래서 나는 혼돈해도 되는 나의 명백한 권리를 이용해서, 흩어진 수많은 종이 중 하나를 여기 엉뚱한 곳에 끼워 둘 거야. 이것들은 분명히 네가 있을 것이라고 기대했던 곳에서 너를 찾지 못할 때마다 내가 너의 방이나 우리의 소파에서 그리움과 불안한 마음에, 최근에 네가 썼던 펜을 사용해서 내 머리에 제일 먼저 떠오른 최고의 말들을 가득 채웠거나 망친 종이들인데, 착한 네가 나 몰래 조심스레 보관해 놓았더군.

이것들 중에서 하나를 선택하는 것은 어렵지 않을 거야. 왜냐하면 여기에 영원히 기록된 페이지들에서 그리고 이미 네게 털어놓은 꿈들 중에서, 여전히 가장 아름다운 세상에 대한 기억은 내용이 가장 풍부하기 때문이며, 그 기억은 다른 무엇보다도 소위 사상과 어떤 종류의 유사성을 가지기 때문이야. 그래서 나는 무엇보다 우선 가장 아름다운 상황에 대한 디티람보스적인 판타지를 선택할 거야. 우리가 가장 아름다운 세상에 살고 있다는 사실을 일단 확신하면, 분명 그다음에는 다른 이들을 통해서나 우리 자신을 통해서나, 가장 아름다운 이 세상에서의 가장 아름다운 상황에 대해 철저히 배우려고 갈망하게 될 테니까.

가장 아름다운 상황에 대한 디티람보스적 판타지

네가 있을까 찾아보았지만 너는 없고 너 대신에 발견한 이 신성한 종이 위로 커다란 눈물 한 방울이 떨어지고 있어. 가장 소중하고 은밀한 내 계획에 대해 오래전부터 네가 고심했던 대담한 생각을 이렇게 성실하게, 이렇게 단순하게 기록하다니. 네 안에서 이 생각은 크게 자랐지. 그리고 나는 거울과 같은 이 글 속에서의 나 자신을 경탄하고 사랑하는 것을 부끄러워하지 않아. 오직 여기서만 나는 온전하고 조화로운 나를 바라봐. 아니 더 정확히 말하면 나와 네 안에서 충만하고 완전한 인류를 봐. 너의 정신 역시 잘 정의되고 완전한 상태로 내 눈앞에 서 있기 때문이지. 그것은 모습을 보였다가 사라지는 그런 형상들이 아니야. 영원히 지속되는 형상들 중의 하나처럼, 너의 정신은 고귀한 눈으로 기쁘게 나를 바라보며, 나의 정신을 감싸 안기 위해 팔을 벌리고 있어. 영혼의 가장 순간적이고 가장 성스러운 저 연약한 특징들과 표현들은, 최고의 것을 알지 못하는 자에게는 환희로만 보이는데, 우리의 정신적 숨결과 생명이 공유하는 분위기일 뿐이야.

언어는 흐릿하고 불투명하지. 환영들이 밀어닥치는 이런 상황에서 나 역시도 우리가 본래부터 조화를 이루고 있다는 이 유일하고 무궁무진한 느낌을 늘 다시금 반복해야만 할 거야. 주저하지 말고 계속 무한함을 향해 나아가라고 위대한 미래가 내게 손짓을 해. 모든 이념이 자신의 품을 열고, 수많은 새로운 피조물을 낳지. 고삐 풀린 쾌락과 고요한 예감(Ahndung)이라는 극과 극이 내 안에 동시에 살고 있어. 나는 모든 것을 기억해. 심지어 모든 고통도. 그리고 이전의 내 모든 생각과 미래의 생각들이 들고 일어나더니 나에게 대들어. 부풀어 오른 혈관 속에서 거친 피가 광란하고, 입은 합일을 목말라하고, 상상은 기쁨의 수많은 형태들을 번갈아가며 선택하고 거절하지만, 욕망이 마침내 충족되고 드디어 평화로울 수 있는 것은 찾지 못하고 있어. 그러면 나는 또 다시 어두운 시간을 갑작스레 격동적으로 생각해. 늘 희망 없이 기다렸고, 알지 못하면서 격정적으로 사랑했던 시간을, 내 가장 깊은 곳에 있는 존재가 막연한 그리움에 완전히 빠져들면 반쯤 억눌린 한숨 속에서 그리움이 드물게 터져 나왔던 그 시간을 말이야.

그래! 내가 지금 느끼는 것과 같은 이런 기쁨과 사랑이 존재한다는 사실, 그리고 내게 가장 사랑스러운 연인이며 동시에 최고의 친구이자 또한 완벽한 여자 친구인 그런 여성이 존재한다는 사실, 이런 것을 한낱 동화라고 생각했을 거야. 왜냐하면 부족했던 모든 것과, 그 어떤 여성에게서도 발견하

리라 희망하지 않았던 모든 것을 나는 특별히 우정에서 추구
했었기 때문이야. 나는 이 모든 것을 네 안에서 찾았고, 내가
바랄 수 있는 것 그 이상의 것을 찾았어. 그렇지만 또, 너는
다른 사람들과 같지 않아. 습관과 고집이 여성적이라고 부
르는 것에 대해서 너는 아무것도 모르지. 사소한 다른 특성
과 별도로, 네 영혼의 여성다움의 본질은 네 영혼에게는 삶
과 사랑이 똑같은 의미라는 바로 그 점에 있어. 너는 모든 것
을 온전하고 무한하게 느껴. 너는 분리라는 것을 몰라. 너의
존재는 하나이고 분리될 수 없어. 그래서 너는 그렇게 진지
하고 그렇게 기쁨에 넘치는 것이고, 모든 것을 그렇게 위대
하고 또 그렇게 냉담하게 받아들이는 거야. 그리고 그 때문
에 또 나를 온전히 사랑하는 것이기도 하고, 나의 어떤 부분
도 국가나 후대, 혹은 남성 친구들에게 맡기지 않는 거야. 모
든 게 다 너의 것이고, 우리는 어디에서나 서로를 가장 우선
하며 서로를 가장 잘 이해해. 인간의 모든 단계마다, 자유분
방한 관능에서부터 가장 정신적인 지성(Verstand)⁵까지, 너는

---

5 《프리드리히 슐레겔의 초월철학 강의》에서 역자 이관형은 슐레겔에서
"'Verstand'는 고대 그리스어인 '누스'(nous)의 역어로, '자연의 생기원리(천리
天理)이자 이에 대한 인간의 통일적인 의식원리이자 실천적 도덕원리(인리人
理)"로서, '이성'으로 번역해야 옳으나, 독일어 'Vernunft'가 '이성'으로 쓰이고
있어 역자는 이를 '오성'으로 번역한다고 설명한다.(참고. 위의 책 35쪽) 그런데

나와 함께 올라가지. 나는 오직 네 안에서만 진정한 자부심과 진정한 여성의 정숙함을 보았어.

가장 큰 고통이 우리를 갈라놓지 않고 그저 에워싸고만 있다면, 그 고통은 나에게는 우리 결혼의 숭고한 경솔함에 대한 매력적인 모순으로만 보일거야. 우리가 사랑처럼 불멸하는데, 왜 우리가 우연의 쓰디 쓴 변덕을 아름다운 유머와 자유분방한 방자함이라고 생각하면 안 돼? 나는 더는 나의 사랑, 너의 사랑이라는 말을 할 수가 없어. 네 사랑이나 나의 사랑, 둘 다 똑같고 완전히 하나이고, 한 사랑의 응답이 한 사랑에 대한 응답과 똑같아. 이것이 바로 결혼이야. 결혼은 우리 정신의 영원한 합일이며 결합이야. 그것은 우리가 이 세상 혹은 저 세상이라고 부르는 그런 것을 위해서가 아니라, 진실하고 분리될 수 없으며 이름 없는 하나의 영원한 세계, 우리의 총체적이고 영원한 존재와 삶을 위한 것이지. 그래서 나는 때가 왔다고 생각되면, 우리가 함께 마셨던 샴페인의 마지막 잔처럼, 월계수귀룽나무 액[6]도 그렇게 기쁘고 가벼운 마음으로 너와 함께 비울 거야. 샴페인의 마지막

현재 '오성'은 '지성'으로 번역함으로, 본 역서는 이를 따른다.

6 월계수귀룽나무 액: 약으로 사용되지만, 과다복용 할 경우 죽음에 이를 수도 있다.

잔을 마시면서 내가 이렇게 말했지. "자 우리 삶의 나머지를 다 마셔 비우자." 나는 그렇게 말하고는 포도주의 가장 고귀한 정신의 거품이 사라지기 전에 서둘러 마셨어. 그래, 나는 다시 한 번 그렇게 말할 거야. 그러니 우리 살며 사랑하자. 나는 알아, 너 또한 나보다 더 오래 살고 싶어 하지 않는다는 것을, 그리고 너무 빨리 세상을 뜬 남편을 따라 관 속에 들어가려할 것도, 환희와 사랑의 마음에서 불꽃이 이글대며 타오르는 심연으로 뛰어들 거라는 것도 말이야. 어떤 정신 나간 법률은 인도의 부인들에게 그 심연으로 뛰어들라고 강요하여, 난폭한 의도와 명령을 통해 자의성이라는 이 여리디 여린 성전들을 모독하고 파괴하지.

어쩌면 그 심연에서는 그리움이 좀 더 충만하게 채워질지도 몰라. 그런데 내가 자주 놀라워하는 일은, 모든 생각들이나 보통 우리 내면에서 정신적으로 도야된 것들이 저절로 완성되어, 마치 한 개인이듯 개별적이며 나눌 수 없다고 본다는 거야. 그리고 하나의 생각이 다른 것을 대체하고, 바로 아주 가까이 있었던 것이 곧바로 어둠 속으로 가라앉지. 그러고는 다시 갑작스럽고 보편적인 분별의 순간이 오는데, 이때 내면세계의 그런 정신들 다수가 멋진 결혼을 통해 완벽하게 하나로 녹아들어 가지, 그리고 이미 잊힌 우리 자아의 많은 부분들이 새로운 빛 속에서 빛나고, 또한 미래의 밤이 그

밝은 빛 속에서 열려. 내 생각에는, 사소한 것에서도 그렇지만 위대한 것에서도 그런 것 같아. 우리가 삶이라고 부르는 것은 총체적이며 영원하고, 그것은 내적인 인간에게는 단지 하나의 생각, 하나의 분리될 수 없는 감정일 뿐이야. 또 그 사람에게 가장 깊고 가장 완벽한 자의식을 느끼는 그런 순간이 있어. 그때 그에게는 모든 삶이 떠오르고, 이전과는 다르게 뒤섞이고 분리되지. 우리 둘은 언젠가 하나의 정신 안에서, 우리가 한 식물에서 피어난 꽃들 혹은 한 송이 꽃의 꽃잎들이라는 사실을 알게 될 거야. 그런 뒤에 우리가 지금 그저 희망이라고 부르는 것이 사실은 추억이었다는 것을 알게 되면 미소를 머금겠지.

이런 생각의 첫 싹이 너보다 앞서 내 영혼 속에서 어떻게 싹을 틔웠고, 동시에 네 영혼 안에서 뿌리를 잡았는지, 너는 여전히 알고 있지? 그렇게 사랑의 종교가 우리의 사랑을 점점 더 가깝게 강력하게 함께 엮고 있어. 사랑하는 부모의 소망을 아이가 메아리처럼 배가시키는 것처럼 말이야.

어떤 것도 우리를 떼어놓을 수 없어. 그리고 분명 온갖 멀어짐도 나를 더욱더 강력하게 네게로 끌어당길 거야. 나는 상상을 해 봐, 우리가 마지막으로 포옹할 때 격한 갈등이 엎치락뒤치락하는 속에서 내가 어떻게 울다가 웃다가 할지를. 그런 뒤에는 마음이 진정되겠지. 그리고 일종의 무감각한 상태에 빠져서는 내가 너한테서 떨어져있다는 것을 거의 믿지 못할 거야. 내 주변을 에워싼 새로운 사물들이 내 의지에 거역해서 그 사실을 확인해줄 때까지는 말이야. 하지만 그런 다음에는 내가 그리움의 날개를 타고 너의 품으로 떨어질 때까지 그리움이 또 한없이 자라겠지. 언어나 인간들이 우리 사이에 오해를 불러일으키게 그냥 내버려두자! 깊은 고통은 스쳐지나갈 거고, 곧 더 완벽한 조화로 변할 테니까. 사랑하는 사람들이 관능적 쾌락의 황홀함 속에서는 작은 상처에 마음을 쓰지 않는 것처럼, 나는 그 고통에 별로 마음 쓰지 않을 거야.

멀어짐이 어떻게 우리를 서로 멀리 떼어놓을 수 있겠어? 현재 자체가 우리한테, 이를테면 너무나 현재적으로 느껴지는데 말이야. 우리는 심신을 쇠약하게 만드는 현재의 이 이글거리는 불을 농담으로 약화시키고 식혀야만 해. 그리하여 기쁨의 모습들과 상황들 중에서 가장 재치 있는 것이 우리에게 가장 아름다운 것이 되지. 그 모든 것들 중 가장 재치 있고, 가장 아름다운 것은, 우리가 역할을 바꾸어, 유치할 정도로 명랑한 상태에서 누가 다른 사람을 분간할 수 없을 정도로 더 잘 모방할 수 있을까 내기하는 거야. 남성의 보호 본능이 네 안에서 더 잘 이뤄질까, 아니면 내 안에서 여성의 매력적인 헌신이 더 잘 이뤄질까. 하지만 넌 잘 알고 있지? 내게는 이 달콤한 놀이가 그것의 원래의 매력과는 완전히 다른 매력을 갖고 있다는 걸. 그것은 완전히 물려 싫증난 쾌락이나 복수의 예감도 아니야. 나는 여기서 충만하고 완벽한 인간성을 만들기 위해, 남성성과 여성성의 완성에 대한 함축적인 의미를 가진 놀라운 알레고리를 알아 봐. 여기에는 많은 것이 들어 있지만, 내가 너한테 굴복할 때처럼, 그렇게 빨리 그 안에 있는 것이 생기지는 않을 게 분명해.

이것이 가장 아름다운 세상에서 가장 아름다운 상황에 대한 디티람보스적 판타지야! 네가 그 당시 이 판타지를 어떻게 생각했고 받아들였는지, 나는 아직도 잘 알고 있어. 하지만 지금도 네가 그것을 어떻게 생각하고 받아들일지도 나는 잘 안다고 생각해. 너는 여기 이 작은 책에서 진실한 이야기, 소박한 진리와 고요한 지성을, 그래, 심지어 도덕까지, 사랑의 친절한 도덕을 기대하고 있어. "말로 거의 할 수 없는 것을, 그저 느껴야만 하는 것을 어떻게 글로 쓸 생각을 하지?" 내 대답은 이래. 뭔가를 느끼면, 그것에 대해 말하려고 해야 하고, 말하고자 하는 것은 쓸 수도 있어야만 한다는 거야.

남성의 본성에는 원래 바보 같은 어떤 열광이 있다는 것을 우선 나는 너한테 증명하고 설명하고 싶었어. 그 열광은 기꺼이 모든 여리고 성스러운 것과 함께 폭발하여, 종종 미숙하게도 자신의 순진한 열정에 걸려 넘어지지. 한마디로 말해, 그건 자칫하면 상스러울 정도로 신적[7]이야.

사실 이런 식으로 변명하면 나는 안전할 거야, 아니지 어쩌면 내 남성성을 대가로 치름으로써만 안전할 거야. 너희 여성들이 개별적으로 이런 남성성을 대단하게 여길지는 몰라도, 너희가 여전히 종(種) 전체에 대해 늘 유감이 많기 때문이야. 그러나 나는 그런 종과 어떤 무례한 관계도 맺고 싶지 않아. 그러느니 차라리 순진하고 어린 빌헬미네의 예를 들어서 내 자유와 뻔뻔함을 변호하고 변명하겠어. 그 애도 한 사람의 숙녀, 그것도 내가 정말 사랑하는 숙녀이기 때문이야. 그래서 나는 이제 그 애의 특성을 약간 묘사할 생각이야.

---

7   신적인 상스러움(göttliche Grobheit)은 프리드리히 슐레겔이 만들어 냈지만, 곧 낭만주의자들을 반복시키는 조롱어가 되었다. "인간의 본성에는 원래 어떤 바보 같은 열광이 있다는 것을 나는 네게 우선 증명하고 설명하고 싶었어. 그 열광은 기꺼이 모든 여리고 성스러운 것과 함께 폭발하고, 종종 미숙하게도 자신의 솔직한 열정에 걸려 넘어지지. 한마디로 말해, 자칫하면 상스러울 정도로 신적이야."라는 이 대목에 대해 쉴러는 1799년 7월 19일자 괴테에게 보내는 편지에서 다음과 같이 썼다. "그(프리드리히 슐레겔)는 그렇게 글을 쓰면서 뜨겁고 영원한 사랑의 능력이 극도의 유머와 융화된다는 상상을 합니다. 그리고 이렇게 생각을 확고히 한 뒤에는 모든 것을 허용합니다. 그리고 그는 상스러움을 자신의 여신이라고 설명합니다."

어린 빌헬미네의 특성 묘사

이 특별한 아이를 편협한 이론에서가 아니라, 모든 가능한 점을 고려해서 적절하게 관찰해 본다면, 이 소녀는 그 인생 시점에서 혹은 그 나이치고는 가장 재기발랄한 사람이라고 대담하게 말해도 좋을 거야, 어쩌면 그게 그 소녀에 대해 말할 수 있는 가장 좋은 것일지도 몰라. 그리고 이건 많이 들은 이야기야. 두 살짜리 아이한테 조화로운 성숙함이 나타나는 일은 정말 드물지 않아? 그 아이의 내적 완성에 대한 강력한 증거가 많이 있는데, 그중 가장 강력한 것은 쾌활한 자기만족이지. 그 애는 음식을 먹고 나서, 식탁 위에 작은 두 팔을 벌리고 작은 머리를 진지하고 장난스럽게 팔에 대곤 해. 그리고 눈을 크게 떠서 영리한 눈길로 온 가족을 빙 둘러 봐. 그러고는 얼굴에 아이러니를 생생하게 표현하고, 몸을 곧추세우며 자신의 영리함과 우리의 열등함에 대해 미소를 짓지. 그 애는 정말 익살이 많고 익살에 대한 감각이 풍부해. 내가 그 애의 몸짓을 따라하면, 그 애는 곧바로 내가 따라한 것을 다시 따라해. 그렇게 우리는 흉내 언어를 우리 스스로 계발하고, 공연예술의 상형문자로 서로 의사소통을 해. 그 애는 철학보다는 시를 더 좋아하는 것 같아. 그래서 그 애는 뭔가를 타고 가는 것을 더 좋아해, 급한 경우에만 걸어 다니지. 우리 북쪽나라의 모국어의 듣기 싫은 거친 소리는 그 애의 혀에 닿으면 이탈리아와 인도 방언의 부드럽고 달콤한 듣기 좋은 소리로 녹아버리지. 그 애는 모든 아름다운 것들을 좋아하는 것처럼 특히 운을 좋아하고, 자신의 작은 즐거움을 위한 고전 선집인양 좋아하는 모든 것을 종종 전혀 지치지 않고 쉴 새 없이 자신에게 계속 말하고 노래할 수도 있어. 시는 그런 종류의 모든 것들을 꽃들로 엮어 가벼운 화환으로 만들지. 빌헬미네도 그렇게 대상들과 시간들, 사건들, 인물들, 장난감들, 음식들에 이름을 지어주고 운을 붙여주는데, 모든 것을 낭만적인 혼돈 속에 뒤죽박죽 섞어 그렇게 많은 언어들과 그렇게 많은 형상들을 만들지. 그리고 결국 지성에게만 이롭고, 판타지의 모든 대담한 도약에는 방해가 되는 부차적인 규정들이나 예술적인 변화들은 없는 그런 것을 말이야. 그 애의 판타지 속에서 자연 속의 모든 것이 생기발랄하고 활기차. 그래서 나는 종종 그 애가 한 살 무렵, 처음에 어떤 식으로 인형을 보았고, 어떤 식으로 느꼈는지를 기억해봐. 그 작은 얼굴에 천상의 미소가 꽃피더니, 나무인형의 색칠된 입술에 곧바로 진심어린 뽀뽀를 했었지. 그래! 인간이 사랑하는 모든 것을 먹고 싶어 하는 것, 가능하면 그 초기 구성요소로 분해하기 위해 모든 새로운 것을 곧바로 입으로 가져가는 것, 이것은 인간의 뿌리 깊은 본성이야. 건강한 호기심은 가장 깊은 곳으로 꿰뚫고 들어갈 때까지 대상을 꽉 잡아서는 씹어 부수려고 해. 이와는 반대로 손으로 만지는 것은 외적인 표면에만 머물고, 손으로 쥐는 모든 행동은 불완전하고 그저 간접적인 앎만을 전달하지. 그럼에도 불구하고 재기발랄한 어린애가 거울에 비친 자신의 모습을 바라볼 때, 손으로 잡으려 하는 것, 그리고 이성의 이러한 최초 그리고 최후의 촉수를 써서 방향을 잡으려는 애쓰는 것은 아주 흥미 있는 놀이야. 이 낯선 자가 부끄러워하며 숨고 모습을 감추면, 이 어린 철학자 소녀는 처음 시작된 연구의 대상을 따라가려고 부지런히 거울 속으로 들어가려 해.

물론 성인한테도 드물지만, 그렇게 어린이들한테서 정신, 유머, 독창성이 바로 나타나는 경우는 아주 드물어. 하지만 이 모든 것과 다른 수많은 것들은 여기에 속하지 않아서, 나를 내 목적의 한계 이상으로 끌고 갈지도 몰라! 왜냐하면 이 성격묘사는 어떤 이상 이외에 그 어떤 것도 표현해서는 안 되기 때문이야. 아름답고 섬세한 삶의 지혜인 이 작은 예술품에서 예절의 섬세한 선(線)을 절대 벗어나 길을 잃지 않기 위해서야. 나는 이 이상을 항상 눈앞에 두고 싶어. 그렇게 함으로써 내가 여전히 갖고 있다고 생각하는 모든 자유와 뻔뻔함을 네가 미리 용서하거나, 더 높은 입장에서 판단하고 평가할 수 있게 말이야.

내가 아이들한테서는 도덕을 찾고, 특히 여성들한테서는 생각과 말에서 다정함과 우아함을 찾는 게 좀 부당할까?

그런데 봐! 이 애교 있는 빌헬미네는 입고 있는 치마가 어떻게 되던, 사람들이 뭐라 하건 신경도 쓰지 않고, 등을 대고 누워 그 작은 발로 허공에 발길질을 하면서, 거기서 자주 말로 다 표현할 수 없는 만족감을 찾고 있어. 빌헬미네가 이런 행동을 한다면, 왜 내가 해서는 안 돼? 그래, 내가 남자이기 때문에? 가장 여린 여성적 존재보다 더 다정할 필요가 없기 때문에?

오, 편견으로부터의 자유가 부러워! 사랑하는 친구야, 너도 너 자신에 대한 평판을 집어 던져버려, 잘못된 부끄러움의 모든 잔재를 던져버려. 내가 자주 너한테서 고약한 옷을 잡아채서 주변에 아무렇게나 멋지게 흩어놓듯이. 그래 내 삶의 이 작은 소설이 너한테는 너무 거칠게 보일지도 몰라. 이 소설이 어린애라고 상상해 봐, 그리고 그 때 묻지 않은 변덕을 어머니와 같은 강한 인내심으로 참아주고, 그 애가 너를 애무하게 내버려 둬.

만일 네가 이 소설을 알레고리의 개연성과 일반적인 의미의 잣대로 그리 엄격하게 받아들이지만 않는다면, 그러면서 사람들이 미숙한자의 고백에게 요구하듯 이야기 속에서 그렇게 많은 미숙함을 기대하지만 않는다면, 그리고 그 가장복(假裝服)이 망가져서는 안 된다면, 그러면 나는 점점 자라나는 내 꿈들 중의 마지막 하나를 여기서 네게 얘기해주고 싶어. 그 꿈은 어린 빌헬미네의 성격묘사와 비슷한 결말을 갖고 있기 때문이야.

뻔뻔함의 알레고리

정말 아름다운 꽃들, 외국의 꽃들과 국내의 꽃들이 뒤엉켜 찬란하게 피어있는 둥그런 화단과 맞닿아 있는 솜씨 좋게 꾸민 정원에 나는 태평하니 서 있었어. 강력한 향기를 들이마시고 화려한 색채를 즐겼지. 그런데 갑자기 꽃들 한가운데서 못생긴 괴물이 튀어나왔어. 독 때문에 부풀어 오른 것처럼 보였는데, 투명한 피부가 온갖 색으로 어른거렸고, 벌레처럼 내장이 꼬불거리는 것이 보였어. 공포가 느껴질 만큼 굉장히 컸어. 게다가 몸통을 에워싼 집게발이 사방에 나 있었지. 그 괴물은 곧 개구리처럼 높이 뛰더니 다시 수많은 작은 발을 움직이며 끔찍하게 기었어. 나는 놀라서 등을 돌렸지만, 그게 나를 따라오려고 해서, 용기를 내 그것을 잡아 등짝을 바닥에 내동댕이쳤어. 그러자 곧 그것은 평범한 개구리처럼 보였어. 나는 아주 많이 놀랐어. 갑자기 누군가가 바로 내 뒤에서 이렇게 말했기 때문이야. "그것은 여론(die öffentliche Meinung)이다. 나는 유머(der Witz)고. 너의 거짓 친구들, 그 꽃들은 이미 다 시들었다." 나는 주변을 살펴보다가 중간 정도 키의 남자의 형상을 보았어. 고상한 얼굴의 큼직큼직한 외형은 로마의 흉상에서 자주 보듯이 잘생겼고 너무나 과장되었어. 또렷하게 뜬 눈에서 친절한 불길이 쏟아졌고, 기다란 두 갈래 곱슬머리가 뻗어서 두드러진 이마 위에 이상하게 뭉쳐 있었어. 그는 이렇게 말했어. "나는 네 앞에서 오래된 광경을 새것으로 바꿀 거다. 소년들이 갈림길에 있어. 한가한 시간에 멋진 판타지를 사용하여 그들을 만들어내는 것은 노력할 만한 일이라고 생각했어. 저들은 진짜 소설들이야, 그 수는 넷이고 우리처럼 불멸이지." 나는 그가 손짓하는 곳을 바라보았어. 잘생긴 소년이 거의 옷을 입지 않은 채 푸른 평야 위를 달리고 있었어. 그 애는 이미 저 멀리 멀어졌고, 나는 그 애가 말 위로 날렵하게 올라타더니, 느린 바람을 놀리려는 듯 따뜻한 저녁바람을 앞서가며 서둘러 가는 것만을 간신히 봤어. 언덕 위에는 완전무장을 한 기사가 보였어. 그 모습은 크고 거룩해서 거의 거인 같았어. 하지만 그럼에도 불구하고 균형 잘 잡힌 몸매와 생김새 그리고 표정이 풍부한 눈빛과 정중한 동작 속에서 보이는 솔직한 친절함은, 그에게 어떤 고풍스러운 우아함을 주었지. 그는 지는 해를 향해 절을 하면서 서서히 무릎을 굽혔어. 오른손은 가슴에, 왼손은 이마에 대고 마치 커다란 열정을 품으면서 기도를 하는 것 같았지. 조금 전에 그렇게 잽쌌던 소년은 이제 아주 얌전히 언덕에 누워서 마지막 볕을 쬐고 있었어. 그러더니 몸을 일으켜 옷을 벗고는 강에 뛰어들어 파도와 장난을 치고 잠수를 하더니 다시 떠오르고 또 다시 물결에 몸을 던졌어. 저 멀리 숲의 어둠 속에서 뭔가 그리스풍의 옷을 입은 형상 같은 것이 떠돌고 있었어. 하지만 그게 어떤 형상이라면, 그건 절대 지상에 속할 수는 없을 거라는 생각이 들었어. 그건 정말 흐릿한 색이었고 전체는 성스러운 안개에 싸여있었어. 더 오래 더 정확하게 쳐다보자, 그 형상도 소년이라는 게, 하지만 전혀 다른 모습의 소년이라는 게 드러났어. 그 커다란 형상은 머리와 팔을 어떤 항아리에 기댔어. 그리고 그의 진지한 눈길은 곧 잃어버린 재산을 바닥에서 찾으려는 것처럼 보였고, 벌써 희미하게 빛나기 시작한 창백한 별에게 뭔가를 묻는 것 같기도 했어. 부드러운 미소가 떠도는 입술에서 한숨이 흘러나왔어.

그러는 동안 감각적인 그 소년은 외로운 신체활동에 싫증이 나서 가벼운 걸음으로 곧장 우리를 향해 급히 걸어왔어. 이제는 완전히 옷을 입고 있었는데, 거의 목동처럼 입었지만 아주 화려하고 특별했어. 그는 그렇게 입고 가장 무도회에 등장할 수도 있을 것 같았고, 그의 왼손가락들은 마스크에 걸려있는 끈들을 갖고 장난도 쳤지. 이 환상적인 소년은 변덕을 부려 변장을 한, 경박한 소녀가 아닐까 생각되고도 남았어. 소년이 이제까지 우리를 향해 똑바로 왔는데, 갑자기 확신이 들지 않았는지 우선 옆쪽으로 가다가, 급히 다른 쪽으로 방향을 돌렸어. 그러면서 자신의 행동을 비웃었지. "이 젊은 사람은 뻔뻔함(die Frechheit)을 지지해야할지 **배려심**(die Delikatesse)을 지지해야할지 알지를 못해." 나의 동행자가 이렇게 말했어. 나는 왼쪽에 있는 아름다운 여인과 소녀의 무리를 보았는데, 오른쪽에는 키가 큰 여인이 혼자 서 있었어. 이 거대한 모습을 자세히 보려하자, 그녀의 눈길이 내 눈길과 날카롭고 냉정하게 마주쳐서, 나는 눈을 내리깔았어. 숙녀들 사이에는 젊은 남자가 있었는데, 나는 그가 다른 소설들의 형제라는 것을 곧바로 알아차렸어. 지금 눈앞에 보고 있는 소설들처럼, 그도 이들 중의 하나였는데 훨씬 더 교양 있었어. 그의 자태와 얼굴은 아름답지는 않았지만, 고상했고 아주 지성적이었고 대단히 매력적이었어. 프랑스인이나 독일인으로 보일 정도였어. 그의 옷과 그의 전체적인 특성은 단순했지만, 세심하게 신경 썼고 완전히 현대적이었어. 그는 사람들과 이야기를 나누었고, 모든 것에 강렬한 관심을 가진 듯 보였어. 소녀들은 가장 고귀한 숙녀 주변에서 아주 경쾌했고, 서로 많은 이야기를 나누었지. "친애하는 도덕(die Sittlichkeit)이여, 나는 너보다 감수성이 더 풍부해"라고 그 중 하나가 말했어. "하지만 나도 영혼(die Seele)이라고 불려, 그것도 아름다운 영혼(die schöne Seele)이라고 불려." 도덕이 약간 창백해지더니 거의 눈물을 보이려 했어. 그리고 말했어.

"나도 어제는 아주 도덕적이었어. 그리고 항상 노력하여 더욱더 크게 발전하고 있어. 나는 자신을 충분히 질책하고 있어. 그런데 왜 내가 너한테 그런 소리를 들어야 해?" 다른 소녀, 즉 겸손(die Bescheidenheit)이 자신을 아름다운 영혼이라 부르는 소녀를 부러워하며 이렇게 말했어. "나는 너한테 화났어, 너는 나를 그저 수단으로 사용하려고 해." 가련한 여론이 그렇게 무기력하게 등을 대고 누워있는 것을 보았기 때문에, 고상함(die Dezenz)은 눈물 두 방울 반을 흘렸고, 그런 뒤 흥미로운 방식으로 눈물을 닦는 척하는 행동을 했어. 하지만 눈은 더 이상 젖어 있지 않았어. "이 솔직함(die Offenheit)에 놀라지 마." 유머가 말했어. "솔직함은 평범하지도 않고 돌발적이지도 않아. 전능한 판타지가 이 공허한 그림자들을 자신의 마법의 지팡이로 건드렸어. 그 내면을 열게 하려고 말이야. 너는 곧 더 많은 것을 듣게 될 거야. 하지만 뻔뻔함은 자신의 자유 의지에 대해 말하듯 그렇게 말해."

배려심이 말했어. "저기 저 젊은 몽상가는 정말로 나를 기쁘게 해줘야만 해. 저 사람은 늘 나에 관한 아름다운 시를 만들 거야. 나는 저 기사를 멀리하듯 그를 멀리할 거야. 당연히 기사가 그렇게 진지하고 점잖게 보이지만 않는다면 멋지지. 그들 중 가장 영리한 자는 지금 겸손이랑 이야기를 하고 있는 저 멋진 젊은이일 거야. 내 생각에 멋진 젊은이가 겸손함을 재치 있게 놀리고 있는 것 같아. 어쨌든 도덕과 도덕의 새침한 얼굴에 대해서는 아주 좋은 말을 했어. 하지만 그는 나랑 제일 많이 이야기를 했어. 내가 딴 생각만 하지 않았더라면, 아니면 유행을 더 따르는 누군가가 나타나지 않았더라면, 그는 나를 유혹할 수도 있었을 거야." 기사도 이제 모여 있는 사람들에게 더 가까이 다가갔어. 왼손은 커다란 칼 손잡이에 갖다 대고, 오른손으로는 거기 있는 사람들에게 정중하게 인사했어. "그대들은 모두 평범하군. 난 지루해." 유행을 따르는 남자는 이렇게 말하며 하품을 하고는 가버렸지. 이제야 내가 처음에는 아름답다고 생각했던 여인들이 활짝 꽃피고 기품은 있었지만, 그 이외에는 보잘 것 없다는 것을 알게 되었어. 제대로 쳐다보니 생김새가 거칠었고 타락까지 눈에 들어왔어. 이제는 오히려 뻔뻔함이 덜 가혹한 듯 보였어. 나는 뻔뻔함을 약간 대범하게 살펴볼 수 있었는데, 깜짝 놀라게도 뻔뻔함의 교양이 대단하고 고귀하다고 고백할 수밖에 없었어. 뻔뻔함은 서둘러 아름다운 영혼 쪽으로 가더니, 곧바로 아름다운 영혼의 얼굴을 잡았어. "이건 그냥 마스크야." 뻔뻔함이 말했어. "너는 아름다운 영혼이 아니야, 잘해봤자 사랑스러움(die Zierlichkeit)일 뿐이지, 종종 교태(die Kotetterie)이기도 하고." 그러더니 유머에게로 몸을 돌려 이렇게 말했어. "사람들이 오늘날 소설이라고 부르는 걸

네가 만들었다면, 너는 네 시간도 잘 사용할 수 있었을 텐데. 나는 최고의 소설들 그 어디에서도 허망한 삶에 대한 신들린 문학적 정취(die Poesie)를 찾을 수가 없어. 사랑에 미친 심장의 대범한 음악은 대체 어디로 달아났을까? 모든 것을 감동시키고 가장 거친 남자조차도 부드러운 눈물을 쏟게 하고, 영원한 바위조차도 춤을 추게 하는 그 음악 말이야? 사랑에 대해 떠들어대지 않는 남자는 정말 멍청하고 정말 무미건조해. 그런데 사랑을 알고 있는 사람은 사랑을 말할 심장도 믿음도 없어." 유머는 웃었고, 멋진 소년은 멀리서 손짓으로 박수를 보냈지. 뻔뻔함이 계속해서 말했어. "만약에 정신적으로 무능력한 자들이 정신과 함께 아이를 만들려 한다면, 만약에 삶이 무엇인지 전혀 이해하지 못하는 자들이 삶을 감행한다면, 그것은 아주 무례한 일이지. 왜냐하면 그건 몹시 자연스럽지 못하고 아주 꼴불견이니까. 하지만 포도주가 거품을 내고 번개가 번쩍이는 건 정말 당연하고 아주 온당한 거야." 그 경박한 소설은 이제 선택을 해서, 뻔뻔함이 이렇게 말할 때 벌써 뻔뻔함의 편이었고 그에게 굴복한 것 같았어. 뻔뻔함은 소설과 팔짱을 끼고 서둘러 그곳을 떠났지. 지나가면서 기사에게 "또 만나요."라고 말할 뿐이었어. 내 보호자가 말했어. "저들은 외적 현상일 뿐이었어. 그리고 너는 곧 네 안의 내면을 보게 될 거야. 어쨌든 나는 진짜 사람이고 진짜 유머야.

무한(die Unendlichkeit)으로 팔을 뻗지 않고, 나 자신을 걸고 네게 맹세할게." 이제 모든 것이 사라졌고, 유머는 더는 그렇게 할 수 없을 때까지 자라나고 또 늘어났어. 그를 내 앞이나 밖에서는 더는 찾을 수 없지만, 나의 내면에서는 다시 유머를 찾을 수 있을 것이라 생각했지. 나 자신의 한 부분이지만 나와는 다르고, 그 자체로 살아 있고 독자적인 유머를 말이야. 내게 새로운 감각이 열리는 것 같았어. 나는 내 안에서 부드러운 빛의 순수한 덩어리를 발견했어. 나는 내 자신 안으로, 새로운 감각으로 돌아와서, 그 새로운 감각의 경이를 지켜보았지. 마치 내면을 향한 정신적 눈처럼, 그 감각은 너무나 명료하고 뚜렷하게 알아차렸어. 그럼에도 동시에 그 눈의 알아차림은, 청각의 알아차림처럼 내적이고 고요하였고, 또 감정의 지각처럼 그렇게 직접적이었어. 나는 곧 외부 세계의 모든 사물을 다시 알아차리게 됐지만, 더 순수하고 더 아름답다는 것을 알아차리게 되었고, 위쪽에서는 하늘의 파란 덮개를 그리고 아래에서는 곧 즐거운 형상들로 북적대는 대지의 초록 양탄자를 알아차렸어. 나 스스로 소망을 명확히 생각하기도 전에, 내가 진심으로 원했던 것이 바로 여기서 살아나고, 내 앞으로 몰려들었기 때문이야. 그래서 곧바로 내가 잘알기도 하고 잘 모르기도 하는 사랑하는 형상들이 기괴한 마스크를 쓰고 있는 것을 보았어. 쾌락과 사랑의 거대한 카니

발 같았지. 자유분방한 내면의 축제인데, 위대한 태고시대의 기이한 다양함과 무절제의 위엄을 손상시키지는 않았어. 하지만 방종하고 방탕한 정신적 바쿠스 축제는 엉망진창이어서 열광은 그리 오래 가지 않았고, 이 완전한 내적 세계는 전기 충격을 받은 것처럼 갈가리 찢어졌어. 그리고 나는 어떻게, 어디서 그 날개달린 말(言)이 들려오는지는 몰랐지만, 다음과 같은 말을 들었어. "파괴와 창조, 하나와 전체, 그렇게 영원한 정신은 영원한 시간과 삶의 강 위에서 영원히 떠돌며, 하나하나의 세찬 물결이 흘러가 버리기 전에 인지한다." 대단히 아름답고 아주 낯설게, 판타지의 이 음성이 울렸지만 더 부드럽게 그리고 마치 나에게 향한 듯 다음과 같은 말이 또 들렸어. "때가 되었다, 신성(die Gottheit)의 내적 존재가 드러나고 묘사될 수도 있다, 모든 신비는 모습을 드러내도 좋고, 공포는 끝나야 한다. 너 자신을 헌납하고, 오직 자연만이 신성하며 건강만이 사랑할 가치가 있다고 선언하라." 이 비밀스러운 말들이 울릴 때, 때가 되었다는 이 말에 천상의 불꽃이 내 영혼 안으로 떨어졌어. 그 불꽃은 내 뼈골을 태워서 소멸시켰고, 스스로를 표현하려는 듯이 몰아대고 휘몰아쳤지. 나는 편견을 무기처럼 들고 광란하는 열정의 대전투의 소동 속으로 뛰어들어, 사랑과 진실을 위해 싸우기 위해 무기들에 손을 뻗었어. 그러나 잡을 무기가 없었어. 나는 사랑과 진실을 노래로 찬양하기 위해 입을 열었고, 모든 존재들은 내 노래를 들어야만 하고, 온 세계는 조화롭게 다시 울려야만 한다고 생각했어. 그런데 정신의 노래를 따라하는 기예를 내 입술이 배우지 않았더라면 어땠을까 하는 생각이 들었어. "너는 불멸의 불을 그냥 순수하고 가공하지 않은 채 전하려들면 안 된다." 나의 친절한 동행자의 익숙한 목소리가 말했어. "새로운 결합과 헤어짐으로 끝없이 변화하도록 세계와 그 형상들을 형성하고, 발견하고, 변화시키고 유지하라. 정신을 문자 속에 감추고 묶어라. 진정한 문자는 전능하며, 그것이 본래 마술지팡이다. 고귀한 마술사, 판타지의 억제할 수 없는 의지는 바로 문자로, 모든 것을 아우르는 자연의 숭고한 카오스를 건드리고, 무한한 단어—신적인 정신의 닮은 꼴이며 거울이고, 유한한 인간이 우주라고 부르는 그 단어—를 불빛으로 불러내어라."

여성복이 남성복보다 장점이 있는 것처럼, 여성의 정신도 남성의 정신보다 장점을 갖고 있어서, 여성의 정신은 단한 번의 대담한 추리를 통해서 모든 문화적 선입견과 시민적 관습을 무시할 수 있고, 단번에 순결의 심장과 자연의 자궁 한가운데 있을 수 있어.

사랑의 수사학이, 모든 여성이 아니라면, 그 누구를 향해 자연과 순결을 위한 변론을 하겠어? 그 여린 심장 안에는 신적인 쾌락의 성스러운 불이 수줍은 듯 깊이 감춰져 있어서, 그 불이 정말 방치되고 완전히 오염된다고 해도, 절대 완전히 꺼질 수는 없어. 여성 다음에는 당연히 소년을, 그리고 여전히 소년에 머물러 있는 남성을 향할 거야. 하지만 이들 사이에는 큰 차이가 있을 수 있어. 모든 소년들은 디드로[8]가 육체의 감각(die Empfindung des Fleisches)이라고 부른 것을 가진 자와 그것을 갖지 않은 자로 나눌 수 있을 거야. 드문 재능이지! 재능과 통찰을 지닌 많은 화가들이 평생 헛되이 그것을 구하려 애를 쓰고, 남성성을 지닌 수많은 악기 연주의 대가들이 그것의 예감을 가져보지도 못한 채 그들의 이력을 끝내버려. 평범한 방법으로는 그걸 얻지 못해. 난봉꾼은 일종의 미적 감각을 갖고 소녀의 허리띠 푸는 법을 이해하는 건지도 몰라. 하지만 소년에게 쾌락의 저 드높은 예술 감각, 남성의 힘을 비로소 아름다움으로 만들어주는 그 감정을 가르쳐줄 수 있는 것은 사랑뿐이야. 그것은 감정의 전기현상이지, 그렇지만 동시에 내면에는 고요하고 미약한 귀 기울임이 있고, 외부에는 뚜렷하고 명확한 투명성이 있는데, 그 투명성은 민

---

8 드니 디드로(Denis Diderot, 1713~1784): 프랑스의 백과전서파를 대표하는 계몽주의 철학자.

감한 눈이 그림의 밝은 부분에서 너무나 명확히 느끼는 투명성이야. 그것은 모든 감각의 경이로운 혼합이며 조화야. 그래서 음악에도 아주 기교 없고 순수하고 심오한 악센트, 귀로는 들을 수 없고 마음이 사랑에 목마를 때 정말로 마실 것처럼 보이는 그런 악센트가 있어. 어쨌든 육체의 감각에 대해 더 정의하고 싶지는 않아. 그럴 필요도 없어. 육체의 감각은 젊은이들에게 사랑의 기술 중 첫 번째 단계로 충분하고, 여성에겐 타고난 재능이지. 젊은이들은 여성들의 친절과 호의를 통해서만 그 감각을 익히고 알 수 있어. 육체의 감각을 모르는 불행한 자들과는 사랑에 대해 말할 필요가 없어. 왜냐하면 본래 남성에게 있어서는 사실 사랑에 대한 갈망이 사랑에 대한 예감은 아니기 때문이야. 두 번째 단계는 벌써 뭔가 신비스러운 것을 지니고 있으며, 모든 이상처럼 약간 불합리하게 보일 수 있어. 연인의 내적 욕망을 완전히 채워주고 만족시켜줄 수 없는 남자는 자신이 무엇이고 무엇이어야만 하는지를 이해 못하는 것 같아. 그는 실지로 무능력하여 건강한 결혼을 할 수가 없어. 심지어 가장 높은 유한한 위대함도 사실 무한함 앞에서는 사라질 뿐이야. 그리고 그 문제는 최상의 의지를 가졌다고 해도, 단순한 힘을 통해서는 해결되지 못하는 법이야. 하지만 판타지가 있는 사람은 판타지를 나누어 줄 수도 있으며, 판타지가 있는 곳에서 연인들은 화려해지기 위해 기꺼이 궁핍하게 지내지. 그들의 길은 내면으로 향하고, 그들의 목적은 숫자와 척도가 없는 무한함과 분리불가능성이야. 사실 그들은 절대 그리워할 필요가 없어. 왜냐하면 판타지라는 그 마법은 모든 것을 보충할 수 있기 때문이지. 하지만 이런 비밀에 대해서는 그만하자! 세 번째이자 가장 높은 단계는 조화로운 따뜻함이 지속하는 감정 상태야. 이 감정을 지닌 젊은이는 남성처럼 사랑하지 않고, 여성처럼 사랑해. 그의 내면에서는 인간성이 완성되었고, 그는 삶의 정점에 올라간 거지. 왜냐하면 남성들은 천성적으로 뜨겁거나 찬 것이 분명하기 때문이야. 그들은 우선 교육을 받아 따뜻해져야 해. 하지만 여성들은 타고나기를 감각적으로나 정신적으로 따뜻하고, 모든 종류의 따뜻함에 대한 감각을 지니고 있어.

언젠가 이 미친 작은 책이 발견되어 혹시 인쇄되고 읽히기까지 한다면, 이 책은 모든 운 좋은 젊은이들한테 대략 똑같은 인상을 줄 거야. 다만 그들이 받은 교육의 상이한 단계에 따라 인상도 다르겠지. 이 책은 첫 번째 단계의 젊은이들한테는 육체의 감각을 자극할 것이고, 두 번째 단계의 젊은이들은 완전히 만족할 것이며, 세 번째 단계의 젊은이들한테는 온기만을 불러일으킬 거야.

이 책은 여성들한테는 전혀 다른 영향을 줄 거야. 여성들

중에 초보인 사람은 없어. 왜냐하면 여성 각자는 이미 자신 안에 완전히 사랑을 지니고 있기 때문이야. 우리 젊은이들은 사랑의 무한한 본질에 대해 늘 배우고 약간 이해할 뿐이야. 이미 성장했건 혹은 아직 미성숙 단계에 있건 다 마찬가지야. 소녀들 또한 그들의 순진한 무지 속에 있어도 이미 모든 것을 알고 있어. 그들의 부드러운 품안에서 사랑의 번개가 내리치기 전에, 그리고 닫힌 꽃봉오리가 쾌락의 완전한 꽃으로 활짝 피기 전에도 말이야. 만일 꽃봉오리가 감정이 있다면, 꽃의 예감이 꽃봉오리 자체의 인식보다 더 또렷이 존재하지 않을까?

그래서 여성의 사랑 안에는 발달의 정도와 단계가 존재하지 않아, 일반적인 것은 아무것도 없고, 오히려 개별적인 것, 특이한 종류들이 정말 수도 없이 많아. 린네[9]와 같은 식물학자도 삶의 거대한 정원 안에 존재하는 이 모든 아름다운 식물과 초목을 분류하여 망칠 수 없어. 단지 신들에게 봉헌된 총아만이 신들의 놀라운 식물학을 이해하지. 오직 그만이 신들의 감추어진 힘들과 아름다움을 알아내며, 개화하는 시기가 언제인지, 그리고 그 꽃들이 어떤 토양을 필요로 하는지 인식하는 그런 신적인 기술을 이해해. 세계가 시작되는

9　카를 폰 린네(Carl von Linné, 1743~1782): 스웨덴 식물학자.

곳 혹은 인간이 시작되는 곳인, 그곳이 또한 독창성의 원래 중심이기도 해. 그런데 어떤 현자도 여성성을 구명하지는 못했어.

그런데 한 가지 사실이 여성들을 크게 두 부류로 나누는 것 같아. 다시 말해 여성들은 감각들, 본성, 자기 자신들 그리고 남성성을 존경하고 존중하든지, 아니면 그녀들이 이 진정한 내적 순결을 잃어버려서 내적인 비난에 아주 무감각해질 때까지 후회하며 치른 대가로 모든 즐거움을 얻든지, 이 두 부류로 나뉘는 거야. 이게 많은 여성들의 이야기야. 여성들은 처음에는 남자를 피하지만, 그 뒤에는 값어치 없는 남성들에게 헌신해. 여성들이 자신과 여성의 운명을 경멸할 때까지 그들을 미워하거나 속일 그런 남성들에게 말이야. 그녀들은 자신들의 작은 경험을 일반적인 것이라고 여기고 다른 모든 것은 우습게 생각해. 그들은 야비함과 비열함의 좁은 범주 안에서 끊임없이 뱅글뱅글 도는데, 이런 범주가 그녀들에게는 세상 전체이고, 이것 외에 다른 세상들도 있을 수 있다고는 생각도 못해. 여성한테 남성은 인간이 아니라 그저 남성, 그냥 하나의 고유한 종(種), 위험하나 숙명적으로 어쩔 수 없이 지루함을 벗어나게 해주는 그런 종이야. 그렇게 되면 결국 여성 자신도 단순한 유형, 다른 형과 마찬가지로 독창성도 없고 사랑도 없는 그런 유형일 뿐이야.

그런데 여성들은 치료되지 않았기 때문에 치료가 불가능한 것일까? 여성들에게서 새침함(내가 어떤 내적인 분노 없이 절대 생각할 수 없는 하나의 악덕)보다 더 부자연한 것은 없고, 부자연함보다 더 힘 드는 것은 없다, 나는 어떤 한계도 정하지 않으며, 어떤 여성도 치료불능이라 여기지는 않는다, 이런 사실들은 나한테는 정말 분명하고 확실한 것들이야. 나는 여성들의 부자연함을 절대 신뢰할 수 없다고 생각해. 비록 그들이 자신들의 부자연함에서 그렇게나 많은 경박함과 솔직함을 끌어내서 겉보기에는 효과를 얻어 품성으로 보이게 되었지만 말이야. 그건 그저 겉보기에만 그럴 뿐이야. 사랑의 불은 절대 꺼지지 않고, 여전히 재의 가장 깊은 곳에 불꽃이 반짝이고 있어.

이 성스러운 불꽃을 깨우는 것, 편견의 재를 닦아내는 것, 불꽃이 이미 순수하게 타오르는 곳에서 그 불꽃에게 현명한 제물을 바치는 것, 그것이 나의 남성적 공명심이 추구하는 최상의 목적이라고 할 수 있어. 내 마음을 털어놓을게. 나는 너만 사랑하지는 않아. 나는 여성성 그 자체를 사랑해. 여성성을 단지 사랑하는 것이 아니라 숭배해. 왜냐하면 내가 인류를 숭배하기 때문이고, 꽃이 식물의 절정이며, 식물의 자연스러운 아름다움과 자태의 최고봉이기 때문이야.

이것이 내가 되돌아간 가장 오래되고 가장 천진난만한

종교야. 나는 신의 탁월한 상징으로 불을 존경해. 그리고 자연이 여성의 부드러운 가슴 깊이 감추어놓은 불보다 더 아름다운 불이 어디 있겠어? 그 불꽃을 쓸데없이 음미하기 위해서가 아니라, 그것을 자유롭게 하고, 깨우고 정화하기 위해 나를 사제로 서품해 줘. 불꽃이 순수하게 존재하는 곳에서 그것은 보초와 베스타[10]의 여사제 없이 자신을 지킬 거야.

네가 보다시피, 나는 축성이 없으면 글을 쓰고 열광하지 않아. 또 소명 없이, 신적인 소명 없이는 이런 일은 일어나지 않아. "너는 나의 총애를 받는 사랑하는 아들이다."라고 유머가 어떤 목소리를 통해 드넓은 하늘에서 내려다보며 이 사람에게 말을 건네는데, 이 사람이 어떻게 자신을 믿지 않을 수 있겠어? 그리고 내가 왜 내 자신의 전권과 자의에서 자발적으로 "나는 유머의 아들이다."라고 말하면 안 돼? 평생 모험을 하며 떠도는 많은 고귀한 자들이 자신에 대해 "나는 행운의 사랑하는 아들이다"라고 말했던 것처럼 말이야.

어쨌든 실제로 내가 말하고 싶었던 것은, 만일 우연이나 자의가 이 환상적인 소설을 발견해서 공개적으로 내어놓는다면, 이 소설이 여성들에게 어떤 영향을 끼칠까 하는 것이

---

10 베스타: 화덕의 여신. 베스타의 여사제는 '정결한 미혼 여성'이라는 뜻도 됨.

었어. 사제직위에 대한 나의 권리를 명백히 하기 위해서, 너한테 아주 간단히 예고와 예언에 대한 몇 가지 사소한 증거를 내놓지 않는다면, 그것도 사실 무례한 거겠지.

모든 여인이 나를 이해할 거야. 그리고 아무도 풋내기 소년들처럼 그렇게 나를 오해하고 오용하지 않을 거야. 많은 사람들이 나 자신보다 나를 더 잘 이해하게 될 거야. 그리고 여인 중에서는 오직 한 사람만이 완전히 나를 이해할 건데, 그 여인은 바로 너야. 나는 다른 모든 여인들이 번갈아가며 서로를 끌어당기고, 서로를 밀치고, 종종 다치게 하고, 마찬가지로 그렇게 또 자주 용서하기를 바라고 있어. 교양 있는 모든 여인들에게 이 책이 주는 인상은 서로 아주 다를 것이고 아주 독특할 거야. 그들이 존재하는 방식과 사랑하는 방식이 독특하듯, 그렇게 고유하고 그렇게 다르겠지. 클레멘티넨은 작품 전체가 특이한 것이라며 흥미를 가질 거야. 이 특이한 것 뒤에는 아마 뭔가가 있을 수도 있는데 말이야. 하지만 그녀는 그 사이에 몇 가지는 제대로 발견할 거야. 사람들은 그녀를 격정적이고 과격하다고 하는데, 나는 그녀의 상냥함을 믿어. 그녀의 격정은 그녀의 격렬함과 함께 나를 달래줘. 이 두 가지가 겉으로 볼 때는 점점 커지고 있지만 말이야. 만일 격렬함만 있다면, 격렬함은 심장에게 냉기와 결여만을 드러내야 할 거야. 격정은 성스러운 불, 겉으로 드러나고 싶어 하는 그 불이 존재한다는 것을 보여주지. 진정으로 사랑하는 남자에게 그녀가 어떤 인상을 줄지, 너는 쉽게 생각할 수 있을 거야. 부드럽고 상처받기 쉬운 로자문데는 "수줍은 다정함이 더 대담해지고, 사랑의 내적인 행동에서 순결 이외에 아무것도 보지 않을 때까지" 그렇게 자주 사랑에 기울기도 하지만, 고개를 돌리기도 해. 율리아네는 사랑만큼이나 문학적 정취를 갖고 있고, 유머만큼이나 열광을 갖고 있어. 하지만 이 두 가지가 그녀 내면에서 너무나 분리되어서, 그녀는 이따금 그 엄청난 혼돈에 여성스럽게 놀랄 거야. 그래서 소설 전체에 문학적 정취는 조금 더 많고, 사랑은 조금 더 적었으면 하겠지.

나는 이런 식으로 더 오래 계속할 수 있을 거야. 내가 온 힘을 다해 인간을 이해하려고 노력하기 때문이지. 그리고 이런 저런 흥미로운 관계 속에서 이런 저런 흥미로운 여인이 어떻게 잘 지낼 수 있는지, 그녀가 어떤 태도를 취해야하는지 골똘히 생각해 보는데, 이보다 내 고독을 더 기품 있게 사용하는 방법을 종종 모르기 때문이야. 하지만 지금은 이것으로 충분해, 그렇지 않으면 너한테 너무 과할 거야, 그리고 이런 다양성은 너의 예언자한테는 불쾌할 테고.

그저 나에 대해 그렇게 실망하지만 말아주길 바라. 그리고 믿어 줘, 내가 너만을 위해서 시를 쓰는 게 아니라 당대

의 사람들을 위해서도 쓴다는 사실을. 믿어 줘, 그것은 내게
는 오직 내 사랑의 객관성을 위한 것이었다는 사실을. 내 사
랑을 향한 이런 객관성과 모든 성향이 글의 마력을 확인해주
고 만들어주지. 그리고 내 불꽃을 노래 속에 토해내는 것이
내게는 금지되었기 때문에, 나는 신중한 필체로 아름다운 비
밀을 털어놓아야만 해. 그러나 이러면서도 나는 후대만큼이
나 당대를 많이 생각하지 않아. 그리고 내가 생각해야만 하
는 그런 세상이 있어야 한다면, 그건 지난 시대였으면 제일
좋겠어. 사랑 자체는 영원히 새롭고 영원히 젊지만, 사랑의
언어는 오랜 고전적 관습에 따라 자유롭고 대범하지, 로마의
비가(悲歌)와 가장 위대한 국가의 가장 고귀한 사람들보다 더
정숙하지는 않고, 위대한 플라톤과 성스러운 사포[11]보다 더
이성적이지 않았으면 해.

---

11 사포: 고대 그리스 여성 시인. 출생 및 사망연도 미상. 문어가 아닌 일상의
속어로 애정, 질투, 증오 등에 대해 시를 썼다. 작품은 중세 초기에 소실되었고,
다른 작가의 인용문을 통해 작품의 흔적을 볼 수 있다.

게으름에 대한 목가

"보라, 나는 스스로 배웠다, 그리고 어떤 신이 내 영혼 속에 많은 멜로디를 심어 놓았다." 문학이라는 명랑한 학문에 대한 이야기가 아니라, 신과 유사한 나태함(die Faulheit)의 예술에 대한 이야기라면, 내가 이렇게 용감하게 말해도 될 거야. 나 자신 말고 대체 누구와 함께 게으름(der Müßiggang)에 대해 생각하고 말하겠어? 그래서 나는 그 불멸의 시간, 창조력이 진정한 쾌락과 사랑의 고귀한 복음을 전파하라는 생각을 내게 불어넣어주던 그 시간에도, 나 자신에게 이렇게 말했어. "오 게으름이여, 게으름이여! 너는 순결과 열광의 살아있는 숨결이다. 천국에 간 자들이 너를 호흡하며, 너를 소유하고 품은 자는 축복을 받았다, 너 성스러운 보물이여! 낙원 밖에서도 여전히 우리에게 남아있는 거룩함의 유일한 단편이여." 속으로 이렇게 말하는 순간에, 나는 경솔한 애정에 빠져 생각에 잠긴 소녀처럼 냇가에 앉아 달아나는 물결을 바라보았어. 마치 나르시스가 물의 맑은 표면에 자신을 비춰보고 아름다운 에고이즘에 취한 것처럼, 물결은 그렇게 침착하고 평화롭고 감상적으로 달아나고 흘러갔지. 나의 본성은 너무나 사심 없고 현실적이지 않아서 끊임없이 오로지 일반적인 좋음(善)만을 문제 삼아 깊은 생각에 빠지지 않았다면, 물결은 나도 유혹해서, 내 영혼의 내적 관점으로 점점 더 깊이 빠져들게 하여 나를 잃게 만들었을 거야. 그래서 나는 마치 엄청난 열에 녹아버려 맥이 빠진 육신처럼, 감정이 쾌적하게 이완된 것은 무시하고, 지속적인 포옹의 가능성에 대해 진지하게 생각했어. 우리가 함께 있는 시간을 연장하기 위한 방법을 생각했지. 그리고 이제까지는 운명의 그런 우스꽝스러운 섭리를 기뻐했지만, 지금부터는 뜻밖의 이별에 대해 순진하게 감동하는 모든 비가(悲歌)를 피할 수 있는 방법을 생각했어. 왜냐하면 이제 그런 일이 언젠가는 일어날 것이고 변경할 수 없을 것이기 때문이야.

긴장된 이성의 힘이 이상의 도달불가능성에 부딪쳐서 깨지고 느슨해지고 나서야, 비로소 나는 생각의 흐름에 나를 맡겼고, 내 마음속의 욕구와 상상, 거역할 수 없는 세이렌과 나의 관능을 매혹시킨 모든 다채로운 동화들에 기꺼이 귀를 기울였어. 이런 동화들 대부분은 아름다운 거짓말일 뿐이라는 것을 알고는 있지만, 이 매혹적인 거짓말을 천박하게 비난하는 것은 내 마음에 들지 않아. 판타지의 이 은은한 음악은 그리움의 빈 곳을 메워주는 것처럼 보였어. 고맙게도 나는 이것을 알아차렸고, 큰 행운이 이번에 내게 준 것을 앞으로도 직접 발견해 우리 두 사람을 위해 반복하고, 너를 위해

이 진리의 시(詩)를 쓰기 시작하기로 마음먹었지. 그렇게 자의와 사랑이라는 놀라운 식물에서 첫 번째 싹이 나왔어. 그리고 싹이 나오듯 자연스럽게 나는 이렇게 생각했어. 그것은 울창하게 자라 무성하게 뒤덮여야만 한다, 그리고 질서와 인색함에 대한 저급한 사랑 때문에 무성한 잎과 줄기가 만들어내는 생명력 있는 충만함을 절대 잘라버리지 않겠다고 말이야.

동양의 현자처럼 나는 영원한 실체, 특히 너와 나의 실체에 대한 성스러운 침잠과 고요한 관조에 완전히 빠졌어. 고요함 속의 위대함(Größe in Ruhe)[12]이 조형예술의 주제라고 대가들은 말했지. 그리고 이것을 확실히 원하거나, 혹은 내 체면을 깎으려 하면서까지, 나도 이 고귀한 양식으로 우리의 영원한 실체를 형상화하고 시로 썼어. 나는 기억을 되살려 우리를, 서로 안고 있는 우리 둘을 부드러운 잠이 어떻게 감쌌는가를 보았어. 가끔 우리 중 하나는 눈을 떠서, 다른 이가

---

12 요한 요아힘 빙켈만(Johann Joachim Winckelmann, 1717~1768)이 논문 〈그리스 회화와 조형예술 작품의 모방에 대한 생각 Gedanken über die Nachahmung der griechischen Werke in der Malerei und Bildhauerkunst〉(1755)에서 "그리스 걸작의 특히 일반적인 특징은 결국 자세와 인상에서 보이는 고귀한 단순함과 고요한 위대함(Edle Einfalt und stille Größe) 이다"라는 표현에서 인용한 말. 빙켈만은 "고귀한 단순과 고요한 위대함", 이 말로 독일 고전주의의 미의 이상을 규정했다.

달콤하게 잠에 빠진 것을 보고 미소를 짓고, 충분히 잠에서 깨어나 장난스러운 말이나 애무를 시작했지. 하지만 다시 시작한 장난이 끝나기 전에, 우리 두 사람은 꼭 끌어안은 채 반의식적인 자기망각의 성스러운 품으로 빠져들었어.

나는 이제 정말 분노하면서, 삶에서 잠을 제외해버리려는 나쁜 인간들에 대해 생각했어. 그들은 아마 절대 잠을 자지 않았을 것이고, 따라서 절대 살지도 않았을 거야. 신들이 왜 신들이겠어? 그들은 확신과 의도를 갖고 아무것도 하지 않기 때문이야, 그들은 그것을 이해하고, 그 일에서는 대가(大家)이기 때문이지. 그리고 시인, 현자, 성자들도 아무것도 하지 않는 점에서 신들과 닮으려고 얼마나 노력하는지! 그들은 얼마나 경쟁적으로 고독, 한가함, 관대한 태평함과 무활동을 찬양하는지! 그리고 아주 당연해. 왜냐하면 모든 좋음과 미가 이미 거기에 존재하고, 자신의 힘을 통해 유지되기 때문이야. 멈춤도 중심도 없는 무조건적인 노력과 진보가 무슨 소용이 있겠어? 이런 폭풍우와 돌진[13]이 인류라는

---

13 Sturm und Drang: 문학사에서는 계몽주의 다음의 '슈투름 운트 드랑' 운동을 말한다. 괴테와 쉴러가 이 운동의 선두주자로서 자연·감정·개인주의를 고양시켰다. '질풍노도'로 번역되어왔으나, 최근에는 독일어 발음 그대로 사용하기도 한다. '폭풍우와 돌진'은 안삼환 저 《한국 교양인을 위한 새 독일문학사》의 번역을 따랐다.

무한한 식물에게, 고요함 속에서 저절로 자라고 형성되는 그 식물에게 양분이 되는 즙이나 아름다운 형태를 줄 수 있을까? 이것, 이 공허하고 불안한 활동은 북유럽의 나쁜 버릇일 뿐이며, 우리 자신과 타인에게 낯선 지루함이라는 영향만 끼칠 뿐이야. 이런 활동이 현재 너무나 평범한 세상에 대한 반감이 아니라면, 무엇으로 시작하고 무엇으로 끝날까? 경험이 부족한 자만심은 이런 것이 그저 감각과 이해의 부족이라는 사실을 전혀 예상하지 못할 거야. 그러고는 이것을 세상과 삶의 일반적인 추함에 대한 고상한 불쾌감이라고 여기지. 세상과 삶에 대해서 최소한의 예감도 하지 못하면서 말이야. 그 자만심은 이런 예감을 가질 수가 없어. 왜냐하면 부지런함과 유용함은 인간이 낙원으로 되돌아오는 것을 허용하지 않는, 불타는 검을 든 죽음의 천사들이기 때문이야. 그저 침착함과 부드러움을 갖고, 진정한 수동성의 성스러운 고요함 속에서만 사람들은 자신의 온전한 자아를 기억할 수 있고, 세상과 삶을 관조할 수 있어. 어떤 창조적 정신(Genius)의 영향에 자신을 온전히 맡기고 헌신하지 않으면서, 어떻게 모든 사유와 창작이 가능하겠어? 그리고 말하기와 형상 짓기는 모든 예술과 학문에서 그저 부수적인 것에 불과해. 근본적인 것은 사유와 창작이고, 그것은 수동성을 통해서만 가능하지. 당연히 그것은 의도적이며, 자의적이고, 편파적인 수동성이지만, 어쨌든 수동성인 건 분명해. 기후가 멋질수록 사람들은 더욱 수동적이지. 이탈리아 사람만이 걷는 법을 알고, 동양 사람들만이 눕는 법을 알아. 하지만 인도보다 정신이 더 부드럽고 달콤하게 발전된 곳이 어디 있겠어? 온 세상에서 어디서나 품위와 조야함을 구분 짓는 것은 게으름의 권리이고, 귀족들의 고유한 원칙이야.

더 많은 즐거움, 이 즐거움의 더 오랜 지속과 더 강한 강도, 그리고 즐거움의 정신은 대체 어디에 있는 걸까? 우리가 그들의 역할을 수동성이라 부르는 여성들에게? 아니면 혹시 선에서 악으로의 변화보다 성급한 분노에서 지루함으로의 변화가 더 빠른 남성들에게?

사실 게으름에 대한 연구를 그렇게 무책임하게 소홀히 해서는 안 되고, 그 연구를 예술과 학문으로, 심지어 종교로 발전시켜야 해! 한마디로 말해, 어떤 인간이 신적이거나, 인간의 작업이 신적일수록 그들은 식물을 닮아가. 이 식물은 자연의 모든 형태 중에서 가장 도덕적이며 가장 아름다운 형태야. 그리고 최고로 완성된 삶은 순수한 무성생식이라 할 수 있지.

나는 내 존재를 향유하면서, 모든 유한한 그러니까 경멸할만한 목적과 의도 이상으로 나를 고양시키기로 했어. 자연도 이런 계획 속에서 나를 강하게 만드는 것 같았고, 갑자기 새로운 현상이 나타나자, 마치 다양한 합창으로 더 멀리 떨어져있는 게으름을 향하라고 내게 훈계하는 것 같았어. 나는 눈에 보이지 않게 어떤 극장에 와 있다고 생각했어. 한편에는 잘 알고 있는 무대와 램프, 그림이 그려진 판지들이 있었고, 다른 편에는 엄청나게 밀려드는 관중, 호기심에 찬 머리와 공감하는 눈들로 이뤄진 진정한 홍수가 있었어. 전면의 오른쪽에는 무대장치 대신 인간을 만들고 있는 프로메테우스의 형상이 그려있었어. 그는 긴 쇠사슬에 묶여 있었고, 굉장히 서두르고 긴장하며 일을 하고 있었지. 그를 끊임없이 내몰고 채찍질하는 괴물 같은 놈들이 몇몇 서 있었어. 아교와 다른 재료들이 필요 이상으로 있었어. 프로메테우스는 불을 석탄화로에서 꺼냈지. 맞은편에는 무릎에 헤베[14]를 앉힌, 신이 된 헤라클레스의 말없는 형상도 보였어. 무대 앞쪽에는 한 무리의 젊은 형상들이 걸어 다니며 서로 이야기를 나눴어. 이들이 아주 즐거워 보였지만 살아있는 것처럼 보이지는 않았지. 제일 어린 형상들은 에로스[15]와 닮았고, 좀 더 어른

---

[14] 헤베: 그리스 신화의 청춘의 여신. 제우스와 헤라 사이에서 태어났으며, 남매로는 아레스와 에일레이티이아, 헤파이스토스가 있다. 후에는 영웅이며 신인 헤라클레스와 관련되어 그가 불사신이 되어 하늘로 올라오자 그의 아내가 되었으며, 알렉시아레스와 아니케토스를 낳았다.

[15] 에로스: 그리스 신화의 사랑의 신. 로마신화에서는 큐피트로, 로마의 시에

스러운 형상들은 판[16]의 모습과 같았어. 그런데 각자는 자기 고유의 태도를 지녔고, 얼굴에는 기묘한 독특함이 드러났는데, 모두 기독교 화가나 시인이 묘사한 악마와 어딘지 모르게 비슷했어. 그들을 사탄이라고 부를 수도 있을 거야. 제일 작은 사탄 중의 하나가 이렇게 말했어. "업신여길 줄 모르는 자는 존중할 줄도 몰라. 이 두 가지가 그저 끝없이 할 수 있는 일이야. 기품 있는 태도의 본질은 인간과 함께 장난치는데 있는 거야. 그러니 미학적 간계(die ästhetische Bosheit)란 조화로운 교육의 근본적인 부분이 아니겠어?" 다른 자는 이렇게 말했지. "도덕주의자가 너희를 이기적이라고 비난할 때보다 더 미친 짓은 없어. 그들은 완전히 틀렸어. 인간이 자기 자신한테 신이 아닌데, 대체 어떤 신을 신성하다고 생각하겠어? 너희가 하나의 자아를 가졌다고 믿는다는 점에서 벌써 당연히 잘못 생각하고 있는 거야. 하지만 너희가 자아를 너희의 육체와 이름, 재산이라고 생각한다면, 적어도 자아라는 것이 들어갈 방은 마련된 거겠지." 그러자 제일 큰 사탄 중의 하나가 말했다. "너희는 이 프로메테우스를 정말 제대로 존경해야 해. 프로메테우스가 너희 모두를 창조했고, 너희와 같

서는 아모르로 불린다.

16 판: 그리스 신화에 나오는 짐승의 모습에 가까운 다산의 신.

은 존재를 언제나 점점 더 많이 만들고 있으니." 실제로 프로메테우스의 동료들 역시 모든 새로운 인간이 완성 되는대로 관객을 향해 아래로 던졌어. 그곳에서는 새로운 인간을 전혀 구별할 수가 없었어. 그 정도로 그들은 모두 똑같이 생겼던 거야. 사탄은 말을 계속했어. "그는 방법이 틀렸을 뿐이야. 어떻게 혼자 인간을 모두 만들 수가 있어? 이건 전혀 제대로 된 도구들이 아니야." 그가 이렇게 말하면서, 무대 배경에서 아모르와 아주 아름다운 비너스 나체 사이에 서 있는 정원의 신의 거친 형상에게 손짓을 했어. "그 점에서 우리 친구 헤라클레스의 생각이 훨씬 더 분별이 있어. 그는 인류의 행복을 위해 하룻밤에 50명의 소녀들을, 그 숭고한 소녀들을 상대할 수 있었어.[17] 그는 힘든 일도 했고, 아주 무서운 괴물을 목 졸라 죽이기도 했지만, 그의 인생의 목적은 늘 고귀한 게으름이었어. 그리고 그것을 위해 올림포스 산에도 간 거야. 교육과 계몽의 발견자인 이 프로메테우스는 그렇지 않았어. 너희는 절대 고요히 있을 수 없고 늘 움직이는데, 프로메테우스한테서 그걸 받은 거야. 따라서 너희는 평소에 아무 할 일이 없을 때에도 멍청하게 하나의 개성을 얻고자 애를

17 테스피아이의 왕 테스피오스의 부탁으로 헤라클레스는 사자를 퇴치하였다. 왕은 보상으로 자신의 딸 50명을 임신시키도록 제안하였고 헤라클레스는 이것을 하룻밤 동안에 끝냈다고 한다.

쓰고, 아니면 너희는 서로를 관찰하고 규명하려고 하지. 그런 시작은 비열해. 하지만 프로메테우스는 인간을 일하도록 유혹했기 때문에, 이제 그 역시도 그가 원하건 원치 않건, 일을 해야만 해. 그는 앞으로도 무척 지루할 거고, 절대 자신의 사슬에서 풀려날 수 없어." 관객은 이런 말을 들었을 때 눈물을 쏟으며, 무대로 뛰어 올라가 자신들의 아버지에게 진정어린 동정을 확신시켜 주었어. 그렇게 알레고리적인 코미디는 사라졌어.

신뢰와 장난

"루친데 너 혼자 있어?"

"잘 모르겠어…… 어쩌면…… 내 생각에 그런 거 같아."

"제발, 제발! 사랑하는 루친데. 너도 잘 알지. 어린 빌헬미네가 '제발, 제발!'이라고 말하는데 사람들이 그걸 금방 해주지 않으면, 그 애는 자기 뜻이 이뤄질 때까지 점점 더 크게, 점점 더 절실히 소리를 지르잖아."

"그래서 너는 그걸 나한테 말하려 했던 거야? 그래서 그렇게 숨이 턱에 차게 방으로 뛰어 들어와서 나를 그렇게 놀라게 한 거야?"

"화 내지 마, 귀여운 여인아! 오 그만 해, 내 사랑! 아름다운 사람! 나를 비난하지 마, 귀여운 아가씨!"

"그런데, 너 이제 이렇게 말하려는 건 아니지? 문 닫아, 라고 말이야?"

"글쎄?…… 금방 대답해줄게. 하지만 우선 아주 긴 입맞춤부터, 그리고 또 한 번, 그런 다음에는 몇 번, 그리고 아주 많이."

"오, 내가 정신 차리고 있어야 할 때 그렇게 입 맞추면 안 돼. 그건 나쁜 생각을 하게 만들어."

"그런 생각을 할만 해. 근데 짜증난 아가씨, 너 정말로 웃을 수가 있어? 누가 그런 걸 생각하겠어! 하지만 나는 잘 알지, 너는 나를 비웃을 수 있으니까 웃는 거야. 너는 재미로 그러는 게 아냐. 대체 방금 전 로마의 원로원 의원처럼 그렇게 진지하게 보인 게 누구겠어? 사랑스런 아가씨야, 마치 법정에 있듯 그렇게 앉아 있지만 않았더라면, 너는 그 성스러운 검은 눈, 석양을 반짝이며 반사하는 그 검고 긴 머리카락 때문에 정말 매혹적으로 보였을 거야! 하느님 맙소사! 너는 내가 뒷걸음질 칠 정도로 나를 쳐다보았지. 곧바로 나는 가장 중요한 것을 잊을 뻔했고, 완전히 혼돈에 빠졌어. 그런데 넌 왜 말을 전혀 안 해? 내가 정말 싫어?"

"참 웃긴다! 바보, 율리우스! 누구랑 얘기하는 거야? 오늘 네 애정은 집중호우 같아."

"한밤의 네 대화처럼."

"목도리는 그냥 두시죠, 신사 양반."

"그냥 두라고? 천만에. 그 불쌍하고 멍청한 목도리는 대체 뭐지? 편견이야! 벗어버려."

"누가 우리를 제발 방해하지 않았으면!"

"그 애가 또 울려는 것 같지는 않아! 넌 괜찮은 거지? 근데 네 심장이 왜 이렇게 불안하게 뛰어? 이리와, 입 맞추게. 그래, 조금 전에 네가 우선 문을 닫으라고 말했었지. 좋아, 하지만 그러지 마, 여기서는 아니야. 빨리 내려가서 정원을 통해서 정자로 가, 꽃이 있는 그곳으로. 이리와! 오, 나를 그렇게 오래 기다리게 하지는 마."

"분부대로 할게요, 신사 양반!"

"모르겠네, 너 오늘 정말 이상해."

"친구, 만약 네가 도덕을 설교하기 시작한다면, 우리는 다시 돌아 갈 수도 있어. 네게 입맞춤을 한 번 더 하고 먼저 달려가는 게 낫겠어."

"오, 루친데 그렇게 빨리 도망가지 마세요, 도덕이 당신을 따라잡지 못할 것 같습니다. 여보, 넘어져!"

"너를 오래 기다리게 할 생각은 없었어. 자 이제 우리 여기 왔어. 너도 서둘러."

"그런데 너 말을 아주 잘 듣는구나. 지금은 다툴 때가 아냐."

"진정, 진정해!"

"봐, 너는 여기서 편히 적절히 쉴 수 있잖아. 자, 만일 네가 지금 그렇게 하지 않는다면……, 그러면 너는 용서받을 수가 없어."

"우선 커튼이라도 치지 않을래?"

"맞아. 그러면 불빛이 훨씬 매력적이 될 거야. 붉은빛 아래서 이 하얀 엉덩이는 얼마나 아름답게 빛이 나는지! ……

근데 왜 이렇게 추워해, 루친데?"

"여보, 히아신스 좀 멀리 치워줘, 향기에 마취될 것 같아."

"이건 정말 단단하고 탄탄해, 정말 매끄럽고 고와! 조화롭게 발달했어."

"오, 아냐, 율리우스! 그냥 좀 놔둬, 부탁이야, 싫어."

"네가 나처럼 달아올랐는지 느끼면 안 될까? 오, 네 심장의 박동을 엿듣게 해줘, 내 입술이 눈같이 하얀 네 가슴에서 식도록 해줘! …… 나를 밀쳐버릴 수 있어? 복수할 거야. 나를 좀 더 꽉 안아줘, 입맞춤의 대가로 입맞춤 해줘, 아니! 여러 번 말고, 한 번의 영원한 입맞춤을. 내 영혼을 다 가져가고, 네 영혼을 나한테 줘! …… 오, 같이 있으니 아름답고 멋져! 우리는 어린아이가 아닐까? 말해봐! 대체 너는 이전에 어떻게 그리 냉담하고 무정할 수 있었어? 그리고 후에 나를 너한테로 더 강력하게 끌어당겼을 때, 그 순간에 너는 마치 뭔가 고통을 당한 듯, 마치 나의 열정에 답하는 게 고통스러운 듯 유감스러운 얼굴을 하고 있네. 무슨 일이야? 울어? 얼굴을 감추지 마! 나를 봐, 사랑하는 여인아!"

"오, 여기 네 옆에 눕게 해줘, 네 눈을 똑바로 볼 수가 없어. 그건 정말 힘들어, 율리우스! 나를 용서해줄 수 있지, 내 사랑! 나를 떠나지 않을 거지? 나를 아직도 사랑할 수 있지?"

"이리 와, 사랑하는 여인! 여기 내 가슴으로. 네가 최근에 내 품안에서 울 때 그게 얼마나 멋졌는지, 네 마음이 얼마나 가벼워졌는지 너 알고 있지? 그러니까 이제 무슨 일인지 얘기 좀 해봐, 루친데? 나한테 화났어?"

"나 자신한테 화가 났어. 내가 나 자신을 때릴 수 있다면……. 너한테는 물론 아주 좋은 일이겠지. 그러니까 신사 양반! 당신이 앞으로 또 다시 남편의 특권을 행사한다면, 그렇다면 당신이 저를 아내처럼 생각하도록 더욱 애써 볼게요. 그건 네가 기대해도 좋아. 그것 때문에 얼마나 놀랐는지 그냥 웃음이 나네. 하지만 신사 양반, 네가 정말 엄청나게 친절하다고 제발 상상은 하지 마세요. 이번에 내가 결심을 깬 건 내 의지였어.

"첫 번째와 마지막 의지가 언제나 최고의 의지지. 여인들은 자신들의 생각보다 대부분 적게 말하는 대신에, 때로는 원하는 것보다 더 많이 행동해. 그것은 너무나 정당한 일이야. 호의가 너희 여인들을 유혹해. 호의는 뭔가 아주 훌륭한 것이야. 하지만 사람들이 호의를 원하지 않는데도 호의가 늘 존재한다는 것은, 호의한테는 좋은 게 아니지."

"그건 멋진 실수야. 하지만 너희 남자들은 악의로 가득 찼고, 악의 안에서 고집을 부리지."

"오, 아니야! 우리가 고집피우는 것처럼 보인다면, 그건 단지 우리가 다른 것을 할 수 없기 때문이지 악의는 아니야. 우리가 참되려고 하지 않기 때문에, 그렇게 할 수 없어. 이건 악의가 아니라 의지의 부족이라고 할 수 있어. 너희 여성들이 너희한테는 남아도는 선의를 우리와 함께 나누려하지 않고, 선의를 너희만 가지려 했던 것, 그게 너희의 잘못이 아니라면 누구 잘못이야? 게다가 내가 여기서 이렇게 의지에 관한 토론에 빠져든 것은 의지에는 완전히 어긋나는 것으로 보여, 그리고 우리가 의지로 뭘 하려는지 나도 잘 모르겠어. 하지만 아름다운 도자기를 깨뜨리는 것보다 몇 마디 말로 내 화를 식히는 게 항상 더 나아. 나는 이 기회에 당신의 예기치 않은 열정, 탁월한 언변과 명예로운 결단에 처음 놀랐고, 뭔가를 얻을 수 있었습니다. 사실 이것은 명예롭게도 당신이 알게 해준 장난들 가운데 가장 기이한 것 중 하나이죠. 제가 기억하는 한, 당신은 벌써 몇 주 전부터 낮에는 지금의 설교처럼 그렇게 분별 있고 완벽한 문장으로 말씀하시지 않았습니다. 당신의 생각을 산문으로 번역하실 마음이 있으신가요?"[18]

"어제 저녁과 재미있던 모임을 너는 정말 벌써 다 잊은

---

18 "저는 ~ 있으신가요?": 이 문장에서는 갑자기 존칭인 Sie를 사용하기 때문에, 존댓말로 번역한다. 루친데도 친칭인 du를 사용하다가, 비꼬는 투로 말할 때면 존칭 Sie로 말한다.

거야? 물론, 나는 그게 뭔지 모르지."

"그러니까 내가 아말리엔이랑 너무 많이 얘기해서, 그것 때문에 화가 난 거야?"

"원하시는 만큼, 그리고 말씀 나누고 싶은 분과 실컷 말씀하시죠. 하지만 나를 예의 바르게 대해 줘야 해, 그렇게 해 줬으면 해."

"너는 아주 큰 소리로 말하고 있었고, 낯선 남자가 바로 우리 옆에 있었어. 나는 걱정되는데, 달리 어떻게 해야 할지 몰랐어."

"네가 세련되지 못해서, 무례하게 행동한 것을 제외하라는 말이지?"

"용서해줘! 내가 잘못했어, 내가 사람들 틈에서 너랑 있을 때 얼마나 당황해하는지 너도 알잖아. 다른 사람이 있는 자리에 너랑 말하는 게 싫어."

"이 사람은 변명을 참 잘하네!"

"내가 절대 그런 짓 못하도록 해줘, 그리고 잘 눈여겨보고 엄격하게 대해줘. 하지만 봐봐, 네가 지금 뭘 했는지! 이거 신성모독이 아니야? 오 아냐! 그건 불가능해, 그것 이상이야. 그냥 고백해, 그건 질투였어."

"**마음 아프게도 너는 저녁 내내 나를 잊고 있었어. 오늘 아침에 너한테 그것에 관해 전부 쓰려고 했는데, 써 놓고는 다**

시 찢어버렸어.”

“바로 그때 내가 온 거지?”

“네가 엄청나게 조급해서 나는 불편했어.”

“내가 그렇게 불이 잘 붙고 전기가 잘 통하는 사람이 아니라면, 네가 나를 사랑할 수나 있었겠어? 너도 그렇지 않아? 우리의 첫 포옹을 잊은 거야? 사랑은 한순간에 와, 온전히 그리고 영원히, 아니면 아예 오지 않거나. 모든 신적인 것과 모든 아름다운 것은 갑작스럽고 가벼워. 아니면 기쁨이란 게 뭐 돈이나 다른 물질처럼 착실한 행위를 통해 모이겠어? 위대한 행복은 마치 공중에서 울려 나오는 음악처럼 모습을 드러내고는 사라져, 우리를 깜짝 놀라게 해.”

“그렇게 너는 내게 나타났어, 내 사랑! 하지만 너는 나한테서 사라지려는 거지? 너한테 말하는데, 그러면 안 돼.”

“안 그럴 거야. 네 곁에 머물 거야, 지금도 그리고 앞으로도 그럴 거야. 들어봐, 나는 너랑 질투에 대해 긴 토론을 할 마음이 있어. 하지만 사실 우리는 우선 모욕당한 신들을 달래야만 해.”

“우선 토론부터 하고, 신들은 나중에.”

“네 말이 옳아, 우리는 아직 그러기에 적합하지 않아, 그리고 너는 네가 언제 방해받았고 기분이 상했는지, 오랫동안 마음에 담아두잖아. 네가 그렇게 예민한 게 얼마나 좋은지 몰라!"

"나는 너보다 예민하지는 않고, 그저 다른 식으로 예민할 뿐이야."

"그러니까 나한테 말해 봐. 나는 질투하지 않아. 근데 너는 어떻게 질투하지?"

"내가 이유 없이 질투하겠어? 대답해 보시죠!"

"무슨 말인지 모르겠어."

"사실 나는 질투하지 않아. 하지만 말해 봐, 너희 둘이서 저녁 내내 무슨 말을 한 거야?"

"그러니까 아말리엔을 말하는 거야? 이게 말이 돼? 무슨 유치한 소리야! 그 여자랑 아무것도 얘기하지 않았어, 그래서 재미있었던 거야. 얼마 전부터 거의 매일 만나는 안토니오랑도 그렇게 오래 얘기하지 않았잖아?"

"그러니까 내가 믿어야 한단 말이지, 네가 조용하고 진지한 안토니오랑 얘기하는 것처럼 아양 떠는 아말리엔이랑 얘기한다는 걸 말이야? 그건 그냥 순수한 우정일 뿐이란 거지, 안 그래?"

"오 아니야, 그걸 믿어서는 안 되고, 믿을 필요도 없어. 전혀 그런 게 아니야. 대체 어떻게 내가 그런 바보 같은 짓을 할 거라고 생각해? 서로 다른 성별의 두 사람이 순수한 우정 같은 관계를 만들고, 그런 관계를 상상한다면, 그거야말로 정말 바보 같은 짓이지. 아말리엔이랑은 내가 그녀를 장난으로 사랑할 뿐이야. 그녀가 약간이라도 아양을 떨지 않는다면, 나는 그녀를 전혀 좋아하지 않았을 거야. 우리 모임에 그런 여인이 더 많이 있으면 좋을 텐데! 사실 모든 여인들을 장난으로 사랑해야만 해."

"율리우스! 내 생각에 너는 완전히 바보가 되어가는 것 같아."

"내 말을 잘 들어봐. 진짜 모든 여인들을 말하는 게 아니라, 그냥 우연히 만나는 사랑스러운 여인들을 말하는 거야."

"그건 바로 프랑스 인들이 말하는 갈랑트리[19]랑 코케트리[20]야."

"내가 그것을 멋지고 재치 있다고 생각하는 것뿐이지, 그 이상은 아니야. 그리고 사람들은 자기가 무엇을 하고 무엇을 원하는지 알아야만 해. 근데 그런 일은 거의 일어나지 않아. 우아한 장난은 그들의 손에서 다시 조야한 진지함으로 바뀌고 말거든."

"이렇게 장난삼아 사랑하는 것은 절대 즐겁게 지켜볼 수가 없어."

---

19 갈랑트리(Galanterie): 여자에 대한 남자의 특별한 친절, 정중함.

20 코케트리(Coquetterie): 교태, 요염한 태도.

"장난은 거기에 대해 죄가 없어. 그건 고약한 질투일 뿐이야. 자기야, 용서해 줘! 화를 내려는 건 아닌데, 나는 대체 사람들이 어떻게 질투를 하는지 이해할 수가 없어. 왜냐하면 마냥 자선을 베풀 수 없는 것처럼, 사랑하는 사람들 사이에서는 모욕적인 언행이 일어나지 않거든. 그러니까 그런 일은 분명 불확실함, 사랑의 부족, 자신에 대한 불성실에서 일어나는 거야. 내가 볼 때 행복은 확실한 것이고, 사랑이란 신뢰와 하나야. 물론 사람들이 어떻게 사랑할지는 다른 문제야. 남성은 여성 안의 종(種)만을 사랑하고, 여성은 남성에게서 남성의 선천적인 재능과 그의 시민 계급적 지위의 등급만을 사랑하고, 두 사람은 자식들한테서 그저 자신들의 졸작인 작품과 소유권만을 사랑하지. 이때 신뢰는 공로이자 미덕이야. 그리고 거기서 질투 또한 자신의 고유한 위치를 갖게 돼. 왜냐하면 사람들은 암묵적으로 자신들과 비슷한 사람들이 많다고 동의하고, 또 인간으로서 누구나 다른 사람만큼 가치는 있지만, 모든 사람에게 개별적으로 똑같이 많은 가치가 있다고 믿지 않는데, 이게 정말 옳다고 느끼기 때문이야."

"그러니까 너는 질투가 그저 공허한 조야함이랑 무교양일 뿐이라는 거지."

"그래. 아니면 잘못된 교양이나 도착이라고 생각해. 그건 나쁜 거야, 아니 더 나쁜 거야. 저 시스템에 따르면, 단순한 호의나 예절에서 의도적으로 결혼하는 게 제일 좋아. 그런 사람한테는 서로를 무시하면서 떨어져 사는 것이 확실히 편안하고 유쾌할 게 분명해. 특히 여성들은 결혼에 대한 진정한 열정을 발전시킬 수 있어. 그리고 만일 그런 여인 중 하나가 우선 결혼에 흥미를 갖게 된다면, 수많은 사람이랑 차례차례 결혼하는 일이 쉽게 일어날 거야, 정신적이건 육체적이건 말이야. 여러 상황에서 섬세해지고, 우정에 대해 많은 이야기를 할 상황이 절대 부족하지 않을 거야."

"조금 전에 우리 여성한테 우정이란 능력이 결여되었다고 말한 적이 있지. 정말 그렇게 생각해?"

"그래! 하지만 내 생각에, 부적격함은 여성이 아니라 우정 자체의 본성에 더 있어. 너희는 너희가 사랑하는 모든 것, 연인이나 아이와 같은 대상을 온전히 사랑하잖아. 너희 사이에서는 자매와 같은 관계도 이런 특성을 갖는 것 같아."

"그건 네 말이 맞아."

"너희한테 우정은 너무 광범위하면서 너무 편협해. 우정은 완전히 정신적이어야만 하고 절대적으로 명확한 한계를 가져야만 해. 이런 분리는 더 섬세한 방식으로, 순전히 관능적이고 사랑 없는 관계만큼이나 완전히, 너희 여성다운 본성을 완벽하게 망가뜨릴 거야. 사교적으로 모인 사람들한테 우정은 너무 진지하고, 너무 심오하고, 너무 성스러워."

"인간은 서로 남자인지 여자인지 묻지 않으면 말을 할 수 없는 걸까?"

"그건 정말 심각한 결과를 낳을걸. 정말이지 재미있는 클럽 하나는 생기겠지. 내가 무슨 말을 하는지 너는 이해할 거야. 거기서 사람들이 자유롭고 재치 있게 말을 해도 된다면, 그리고 너무 거칠지도 너무 경직되지도 않는다면, 그건 벌써 대단한 것이겠지. 가장 우아한 것과 최고의 것은 항상 부족할 거야. 조금 괜찮은 모임이 등장하는 곳 어디서든 정신과 영혼이 되는 그런 것 말이야. 이것이 사랑과의 장난이고, 장난을 하기 위한 사랑이야. 사랑과의 장난에 대한 아무런 인식 없이 재미로 타락해버리는 그런 장난을 위한 사랑. 그래서 나는 모호한 외설적인 언행도 옹호하는 거야."

"너 그걸 장난으로 하는 거야 아니면 재미로 하는 거야?"

"아니, 아냐! 나는 정말 진지하게 하는 거야."

"하지만 파울리네랑 그녀의 애인처럼 그렇게 진지하고 그렇게 점잖지는 않은데?"

"세상에! 이렇게 말하는 게 예의바른지는 모르지만, 내 생각에 그 두 사람은 서로 안을 때, 기도를 알리는 종을 울리게 하는 것 같아. 오! 이건 정말이야, 친구. 인간은 본래 진지한 짐승이야. 사람들은 이 비열하고 불쾌한 성향에 온 힘을 다해서, 그리고 온갖 측면에서 대항해야만 해. 그 목적을 위해서라면 모호한 외설적인 언행들도 괜찮아. 물론 그것들은 아주 가끔만 이중의 의미를 갖고 있기는 하지만 말이야. 그렇지 않을 때는 단 한 가지 의미만을 허용한다면, 그게 비도덕적이지는 않지만 너무 주제넘고 무미건조하지. 경박한 대화들은 가능하면 정신적이고 우아하고 단순해야만 해. 그 외에는 아주 방종해도 좋아."

"그것 좋네, 하지만 그런 대화들은 모임에서 어떠해야 해?"

"대화는 쾌활하게 유지해야 해, 음식에 들어가는 소금처럼. 왜 그런 경박한 대화를 해야만 하는가가 문제가 아니라, 어떻게 그 대화를 해야 하는가가 문제지. 그런 말을 하게 내버려둘 수도 없고 내버려 두어서도 안 되기 때문이야. 매력적인 소녀랑 마치 그녀가 성별이 없는 양서류인 듯 그렇게 이야기하는 것은 무례한 일일 거야. 그녀가 어떤 사람이며 어떤 사람이 될 것인지 늘 넌지시 암시하는 것은 의무이고 책임이지. 그리고 사교 모임이라는 게 결국 정말 감수성 없고 서툴고 부담이 되듯, 순진한 소녀라는 것은 정말 우스운 상황이야."

"모두를 웃게 만들고 자기 자신은 종종 아주 슬퍼했던 유명한 희극 가수를 생각나게 하네."

"사교 모임은 그저 일종의 혼돈, 재치를 통해서만 형성될 수 있고 조화를 이룰 수 있는 혼돈이야. 그리고 만일 사람들이 열정의 요소들을 갖고 장난치고 농담하지 않는다면, 열정은 뭉치고 뭉쳐 모든 것을 어둡게 만들어."

"그러면 열정들도 여기 공기 중에 틀림없이 있을 거야. 거의 깜깜하니까."

"내 심장의 여인이여, 당신은 눈을 감아버린 게 분명하군요! 그렇지 않다면 보편적인 밝음이 분명 방을 환히 비추었을 텐데."

"누가 더 열정적일까, 율리우스, 나 아니면 너?"

"우리 둘 다 충분히 열정적이야. 그렇지 않다면 나는 살고 싶지 않아. 그리고 봐! 그 때문에 나는 질투랑 화해할 수 있는 거야. 사랑 안에 모든 것이 있어. 우정, 멋진 교제, 관능과 열정도. 그리고 이 모든 것은 사랑 안에 있어야만 하지. 그리고 하나가 다른 하나를 강화하고, 부드럽게 하고, 생생하게 하고, 고귀하게 해야만 해."

"너를 안아줄게, 충실한 사람!"

"하지만 오직 하나의 조건 아래서만 난 네게 질투를 허용할 수 있어. 나는 가끔 교양 있고 세련된 약간의 분노가 남자에게 꽤 잘 어울린다고 생각해. 어쩌면 너한테도 질투가 어울릴 거야."

"맞았어! 그래서 나는 질투를 완전히 삼갈 필요는 없어."

"오늘 네가 했던 것처럼 질투가 늘 정말 그렇게 아름답고 재치 있게 표현된다면야!"

"그렇게 생각해? 그러면 네가 다음에도 그것을 아름답고 재치 있게 언급하면, 나도 너한테 그렇게 말하고 너를 칭찬할게."

"우리는 이제 모욕받은 신들을 달랠 만하지 않는 거야?"

"그래, 네 논쟁이 완전히 끝났다면 모를까, 그렇지 않으면 나머지 이야기나 해."

남성성의 견습 기간

가장 격정적인 열정을 가진 척하나 방심하고 정신 나간 상태에서 파라오 카드놀이 하기. 격정의 순간 모든 것을 걸고, 그리고 곧바로 그것을 잃어버려도 아무렇지도 않게 딴청부리기. 이런 것은 율리우스가 젊은 시절을 거칠고 난폭하게 보낼 때 했던 나쁜 습관 중의 하나일 뿐이다. 솟구치는 힘이 충만하여, 피할 수 없는 때 이른 타락의 싹을 만들어 내는 그런 삶의 정신을 묘사하기에는 이런 습관 하나면 충분하다. 대상 없는 사랑이 그의 안에서 타올랐고, 그의 내면을 파괴했다. 별 것 아닌 계기만 있어도 정열의 불꽃이 피어올랐다. 하지만 이 불꽃은 곧 자만심에서 혹은 고집에서 그 대상 자체를 경멸적으로 거부하는 듯 보였다. 그리고 배로 늘어난 분노를 안고 자기 자신의 내면으로 그리고 열정의 대상에게로 방향을 돌렸다. 그곳에서 심장의 골수까지 괴롭히기 위해서. 그의 정신은 끝없는 흥분 속에 있었다. 그래서 그는 매 순간 자신에게 뭔가 특별한 것이 일어나기를 고대했다. 그를 놀라게 할 것은 아무것도 없는 것 같았다, 최소한 자신의 파멸이라면 모를까. 일도 목적도 없이, 마치 자신의 모든 행운이 걸려있는 뭔가를 미친 듯이 찾아다니는 사람처럼, 그는 사건과 인간들 틈을 헤매고 다녔다. 방탕만이 그의 흥미를 끌게 되어, 방탕을 더 잘 알게 될 때까지 그렇게 오래 방탕을 시도 하였다. 그 어떤 종류의 방탕도 전적으로 그의 습관이 될 수 는 없었다. 왜냐하면 그는 경솔함만큼이나 모멸감도 많이 가 지고 있었기 때문이다. 그는 신중함에 탐닉할 수도 있었고, 마찬가지로 향락에 심취할 수도 있었다. 하지만 이것에서 도, 또한 자주 그의 젊은이다운 열광이 탐욕스러운 호기심으 로 몰두했던 많은 도락과 학업에서도, 그는 온 마음으로 열 렬히 원했던 높은 행복을 찾지 못했다. 그런 흔적은 도처에 서 드러났고, 그의 격정을 기만하고 격분시켰다. 그에게 모 든 종류의 교제는 최고의 매력이었지만, 정말 자주 이런 것 들에 싫증을 느꼈다. 그러나 그가 결국 늘 다시 돌아간 곳은 사교적인 오락이었다. 이미 이른 시절부터 여성들과 함께 하 는 것에 익숙했지만, 사실 여성들에 대해 전혀 몰랐다. 그에 게 여성들은 놀랍도록 낯설고, 종종 전혀 이해할 수 없고, 자 신과 같은 종에 속한 존재라고 거의 여길 수 없었다. 하지만 자신과 어느 정도 비슷한 젊은 남성들은 뜨거운 사랑으로 그 리고 우정의 진지한 분노로 포옹했다. 그렇지만 이것만으로 는 그를 만족시킬 수 없었다. 세계를 포옹하려고 하지만 아 무것도 잡을 수 없는 것 같았다. 그렇게 그는 채워지지 않은 그리움 때문에 점점 더 거칠어졌고, 정신적인 것에 대해 절망하여 감각적이 되었고, 운명에 맞서는 고집 때문에 영리하지 못한 행동을 범했으며, 일종의 순진함을 가졌지만 실제로는 비도덕적이었다. 그는 확실히 눈앞에서 파멸을 보고 있었지만, 자신의 행로를 늦추려 애쓸 필요는 없다고 생각했다. 조심하며 천천히 자신을 괴롭히느니, 차라리 거친 사냥꾼처럼 평생 가파른 비탈을 민첩하고 대담하게 거침없이 내리달리려고 했다.

이런 성격 때문에 그는 자주 가장 사교적이고 가장 즐거운 모임에서 외롭게 있어야만 했다. 사실 아무도 그의 곁에 없을 때 오히려 외로움을 가장 덜 느꼈다. 그러고 나면 희망과 추억의 형상들 속에서 취해, 자신이 만든 판타지에 도전하도록 스스로를 끌려가게 내버려두었다. 그의 모든 소망은 측정할 수 없는 속도로, 거의 중간 틈 없이 첫 번째의 조용한 흥분에서부터 한없는 격정으로 치솟았다. 그의 모든 생각은 눈에 보이는 형상과 움직임을 취했고, 가장 감각적인 명료함과 폭력을 갖고 그의 내면에서, 그리고 서로 적대적으로 영향을 끼쳤다. 그의 정신은 자아 통제의 고삐를 바싹 쥐려고 노력하지 않았고, 내적인 삶의 혼돈에 탐닉하기 위해 오히려 쾌락과 방자함 속으로 자발적으로 고삐를 내던져버렸다. 그는 **경험이 많지는 않았지만**, 아주 어린 시절을 포함하여 추억으로 가득했다. 왜냐하면 격정적인 기분의 특별한 순간, 대화, 가슴 깊은 곳에서 나온 잡담은 그에게는 영원히 값지고 중요하게 남아 있었고, 수년이 지난 뒤에도 마치 지금 일어난 일인 양 그것들을 아주 정확하게 기억하고 있었기 때문이다. 그러나 그가 사랑했고, 사랑의 마음으로 생각했던 모든 것은 파괴되고 분리되었다. 그의 전존재는 자신의 판타지 안에서 아무 관련 없는 파편 덩어리가 되었다. 각각의 파편은 그 자체로 하나이자 전체였고, 실제로 그것 옆에 나란히 서 있고 그래서 서로 연결된 것도 그에게는 중요하지 않았고, 전혀 존재하지 않았다고 할 수 있다.

고요한 소망의 품 안에서 순결함의 성스러운 모습이 그의 영혼에서 반짝 빛났을 때, 그는 아직 완전히 타락하지는 않았다. 욕망과 기억의 빛이 그의 영혼에 부딪치고 불을 지펴서, 이 위험한 꿈은 그의 온 삶에 결정적인 영향을 주었다.

그는 풋풋한 청춘의 고요하고 행복하던 시절, 순진하고 어린애다운 호감에서 다정하고 유쾌하게 함께 장난쳤던 고귀한 소녀를 기억했다. 그가 그녀에게 관심을 보이고, 그녀를 매혹했던 첫 번째 남성이었기 때문에, 그 사랑스러운 소녀는 자신의 젊은 영혼을, 마치 꽃들이 태양빛을 향해 기울듯이, 그에게로 향했다. 그녀는 거의 성숙하지 않은 상태였고, 아직 유년의 경계에 있었는데, 이것이 그의 욕구를 억제할 수 없이 자극했다. 그에게는 그녀를 소유하는 것이 최고의 행복 같았다. 그는 모든 것을 감행하기로 결정했고, 그녀 없이는 살 수 없을 것 같다고 생각했다. 또한 모든 종류의 강요를 혐오하듯이, 시민적인 도덕에 대한 희미한 기억을 혐오하였다.

그가 서둘러 그녀 가까이로 돌아와서 보니, 그녀가 예전보다 더 교육을 받았지만, 여전히 이전처럼 아주 고상하고 특별하며, 정말 재치 있고 당당한 것을 알았다. 그녀의 상냥함보다 더 그를 매혹시킨 것은 깊은 감정의 흔적들이었다. 그녀는 그저 즐겁고 분별없이, 마치 꽃이 만발한 땅위를 지나듯 인생을 지나쳐가는 것 같았다. 그럼에도 그의 빈틈없는 눈에 무제한적인 열정을 향한 가장 확고한 성향을 무심코 드러냈다. 그녀의 성향, 순결함, 과묵하고 수줍은 본성은 혼자 있는 그녀를 볼 수 있는 방법을 그에게 쉽게 알려주었다. 그리고 그렇게 할 경우 발생할 수도 있는 위험은 이런 시도의 매력을 더 높여주었다. 하지만 그는 자신이 목적에 가까이 다가가지 못했다는 것을 불만스레 **시인해야만** 했고, 어린아이를 유혹하기에 너무 미숙하다고 자책했다. 그녀는 약간의 애무를 고분고분 받아들였고, 수줍은 열망으로 응답했다. 하지만 그가 이 경계를 넘어서려고 하자, 그녀는 가차 없이 완고하게 저항했지만, 모욕을 당한 기색은 없었다. 경우에 따라서 허락해도 되고, 절대 허락해서는 안 되고 하는 것은 자신의 느낌보다는 알지 못하는 규율에 대한 믿음에서 그랬을 것이다.

그럼에도 불구하고 그는 지치지 않고 희망하고 지켜보았다. 언젠가는 전혀 뜻밖에 그녀를 놀라게 한 적이 있었다. 그녀는 꽤 오랫동안 혼자 있었고, 평소보다 더 자신의 판타지와 막연한 그리움에 자신을 내맡기고 싶어 했다. 이것을 알게 되었기 때문에, 그는 어쩌면 다시는 오지 않을 이 순간을 경솔하게 놓치지 않으려 했고, 갑작스러운 희망에 젖어 열광의 환희에 빠졌다. 간청, 아첨, 궤변의 물결이 그의 입술에서 흘러나왔다. **애무로 그녀를 뒤덮고는**, 황홀해져서 이성을 잃었다. 왜냐하면 이 사랑스러운 머리가 마치 활짝 핀 꽃이 꽃대에서 고개를 숙이는 것처럼, 드디어 그의 가슴에 기댔기 때문이다. 가냘픈 형상이 머뭇거리지 않고 그를 감싸 안았다. 비단결 같은 금발 고수머리가 그의 손 위로 쏟아져 내렸다. 애정이 듬뿍 담긴 그리움을 품고 아름다운 입의 꽃봉오리가 열렸다. 짙은 갈색의 경건한 눈에서 기이한 불꽃이 간절한 그리움을 드러내며 내비쳤다. 그녀는 대담한 애무에 그저 미온적으로 저항할 뿐이었다. 곧 저항을 그치고 갑자기 팔을 늘어뜨리더니 모든 것을 그에게 맡겼다, 여린 처녀의 몸과 젊은 젖가슴의 열매들을. 하지만 바로 이 순간에 그녀의 눈에서 눈물이 터졌고, 쓰디 쓴 절망이 그녀의 얼굴을 일그러뜨렸다. 율리우스는 굉장히 놀랐다. 눈물 때문만은 아니었다. 하지만 그는 이제 순식간에 정신 번쩍 들었다. 이미 일어난 일에 대해서뿐만 아니라, 이제 뒤따를 일에 대해서 생각했고, 자신 앞에 있는 제물에 대해서, 인간의 가련한 운명에 대해서 생각했다. 그러자 등골이 서늘해졌고, 가슴 깊은 곳에서부터 낮은 한숨이 입술을 거쳐 튀어나왔다. 그는 자기감정의 절정에 이르자 자기 스스로를 경멸적으로 거부했고, 보편적인 공감을 생각하는 와중에 현재와 자신의 의도를 잊었다.

기회의 순간을 놓치고 말았다. 그는 그저 그 착한 아이를 위로하고 진정시키려 애를 쓰다 역겨워, 순결함의 화관을 경솔하게 갈기갈기 찢어버리려고 했던 그 자리를 서둘러 떠났다. 여성의 덕을 자신이 믿는 것보다 덜 믿는 많은 친구들이 자신의 행동을 미숙하고 우스꽝스럽게 생각하리라는 것을 잘 알고 있었다. 다시 냉정하게 심사숙고하기 시작하자, 그역시도 거의 이런 심정이었다. 그럼에도 불구하고 그는 자신의 어리석음을 특별하고 흥미롭게 생각했다. 고귀한 천성을 가진 자들은 무례한 관계 속에서 그리고 군중의 눈에, 어리석거나 미친 듯이 보이는 게 필연적이라고 생각했다. 다음번에 소녀를 다시 만났을 때, 그가 영리하게 알아차렸거나 아니면 그렇게 착각한 대로, 오히려 소녀는 완전히 유혹당하지 않아 불만족하는 것처럼 보였다. 그래서 그는 자신의 의심을 확인하고서 굉장히 화가 났다. 거의 일종의 경멸감에 사로잡혔지만 그런 감정을 가질 권리는 없었다. 그는 달아나서 다시 예전의 고독으로 돌아갔고, 자신만의 그리움 속에서 쇠약해갔다.

그렇게 그는 우울함과 자유분방함을 오갔던 이전의 방식대로 또 다시 한 시대를 살았다. 그를 위로하고 몰두할 수 있게 하며, 파멸의 길에서 멈출 수 있게 하는 힘과 진지함을 충분히 가진 유일한 친구는 멀리 떨어져 있었다. 그래서 그의 그리움은 이 점에서 충족되지 못했다. 언젠가 마치 그 친구가 드디어 이제는 같이 있기라도 하듯 그를 향해 열정적으로 팔을 뻗은 적이 있었지만, 오랫동안 헛되이 기다린 뒤에, 절망적으로 다시 팔을 늘어뜨렸다. 눈물을 흘리지는 않았지만, 그의 영혼은 희망 없는 비애의 죽음의 고통에 빠졌고, 오직 새로운 어리석음을 저지르고 나서야 거기서 벗어나 기운을 냈다.

이미 어린 시절에도 사랑했던 도시, 지금까지 그곳에서 온전히 살았지만 이제 영원히 떠나기를 바라는 그 도시를 떠오르는 찬란한 아침 해의 광채 속에서 뒤돌아볼 때, 그는 정말 기뻤다. 이미 낯선 곳에서 자신을 기다릴 새로운 고향의 신선한 삶을 들이마셨고, 이 고향의 모습을 벌써 격정적으로 사랑하고 있었다.

그는 곧 매력적인 다른 거주지를 발견했다. 그곳은 정말 그 무엇도 그를 얽매지 않지만 많은 것이 그의 마음을 사로잡았다. 그의 모든 힘과 애정은 새로운 대상을 통해 활발해졌다. 내면의 어떤 목적도 한도도 없이, 그저 뭔가 기이하기만 하면 뭐든지 피상적인 것에 모두 관여했고, 어디서든지 끼어들었다.

이러한 소란스러움 속에서도 곧 공허함과 권태를 느꼈기 때문에 자주 자신의 외로운 꿈으로 되돌아왔고, 자신의 충족되지 않은 소망이라는 오래된 직물을 반복적으로 짰다. 어느 때인가 거울을 보다가, 자신의 모습에 눈물 한 방울이 흘러내렸다. 자신의 어두운 눈에서 억누른 사랑의 불이 얼마나 음울하고 찌르듯 타오르는지, 엉클어진 검은 곱슬머리 아래에 거의 알아볼 수 없는 주름들이 어떻게 전투적인 이마에 파이고 있는지, 그리고 뺨은 얼마나 창백한지를 보았던 것이다. 그는 자신의 잘못 보낸 젊음을 슬퍼하며 한숨을 쉬었다. 그의 정신은 격분했고, 알고 지내던 아름다운 여인들 중에서 가장 자유분방하게 살며 훌륭한 모임에서 가장 빛나는 여인을 골랐다. 그녀의 사랑을 구하려 마음을 먹었고, 그의 심장이 이 대상으로 완전히 채워지는 것을 허락했다. 그렇게 난폭하고 제멋대로 시작된 일은 건강하게 끝을

맺을 수 없었다. 율리우스가 아주 진지한 관심을 갖고 항상 그녀의 주변을 맴돌며 예의를 갖추어 대하기 시작하고, 동시에 때로는 옛 애인처럼 정말 뻔뻔스럽고 무례하고, 때로는 완전히 낯선 사람처럼 매우 수줍고 낯설게 굴자, 아주 자만심이 세고 아름다운 그 숙녀는 이를 기이하게, 기이한 것 이상으로 생각할 수밖에 없었다. 그가 그렇게 이상하게 행동했기 때문에, 그는 그러한 젠체하기 위해, 본래보다 훨씬 더 부유해야 할 필요가 있었을 것이다. 그녀는 가볍고 경쾌한 성품이었고, 그의 눈에는 기품 있게 말하는 것처럼 보였다. 하지만 그가 연인이 대단히 경박하다고 여긴 것은, 진정한 기쁨과 즐거움이 결여되고 정신도 결여된, 바로 생각 없는 열광이었다. 모든 것을 의도적으로 그리고 목적도 없이 혼란에 빠뜨리고, 남성들을 유혹하고 조종하며, 자신을 아첨에 취하게 하는 데 필요한 정도의 이해력과 약삭빠름은 부족하지 않았다. 불행하게도 그는 몇 가지 호의의 징표를 받았다. 제공자인 그 여인이 이를 주었다는 것을 절대 인정해서는 안 되는 탓에, 그녀를 구속하지는 않지만, 사로잡힌 풋내기를 은밀함의 마력으로 꽁꽁 묶어놓는 그런 호의의 징표를 말이다. 간단하고 진부한 선물은 진기하고 특별한 의미의 허상을 통해서만 매력이 돋보였다. 그런 때에 은밀한 눈길과 악수, 혹은 모든 사람 앞에서 말해졌지만 그 본래의 관계나 암시를 오직 그만이 이해할 수 있는 그런 말 한마디가 벌써 그를 완전히 매료시킬 수 있었다. 그가 생각하기에는 그녀가 그에게 더욱 분명한 징표를 주었는데, 자신이 잘 이해하지 못하고 그냥 선수를 당한 것 같은 느낌은 그에게 깊은 모욕을 주었다. 그렇지만 그는 그런 것에 모욕을 당했다는 사실에 적잖이 자부심을 가졌고, 아무런 방해물 없이 목적에 다다르기 위해서는 자신이 재빨리 유리한 기회를 잡아야 한다고 생각하자, 오히려 억제할 수 없을 정도로 흥분되었다. 그녀가 선수 치는 것이 그저 착각이지 않을까, 그녀가 그와의 관계를 진지하지 않게 생각하는 것을 아닐까 하는 의심이 갑자기 들었을 때는, 자신의 꾸물거림을 매우 질책했다. 그리고 친구 하나가 그에게 사실을 알려주자, 그는 이제 한 치의 의혹도 없었다. 사람들이 자신을 우습게 여긴다는 것을 알았고, 그게 당연한 것이라고 인정할 수밖에 없었다. 이 일에 대해 그는 약간 분노했다. 그리고 만일 그가 이 공허한 인간들을, 그들의 하찮은 관계와 오해와 비밀스러운 의도와 관심의 모든 유희를 제대로 관찰하지 않고 근본적으로 무시하지 않았더라면, 불행이 쉽게 시작되었을지도 몰랐다. 그는 또 다시 자신이 없어졌고, 자신의 의심이 이제 한계가 없다는 사실을 알자, 자신의 불신에 대해도 의심했다. 이 불쾌감의 근원을 단지 자신의 고집과 과장된 예민함에서 찾곤 하였고, 그런 다음 새로운 희망과 믿음을 갖기도 했다, 때로는 정말 의도적으로 자신을 쫓아다니는 것처럼 보이는 모든 불운에서 새로운 희망과 믿음이 행하는 복수의 부자연스러운 행위를 보았다. 모든 것이 불확실했고, 그에게 점점 더 명확하고 확실해지는 단 한 가지는, 위대하고 완벽한 어리석음과 우둔함이 남성에게 내재하는 고유한 특권이고, 이와는 반대로 고지식한 냉정함과 비웃음을 띤 냉담한 행동을 동반한 변덕스러운 간계는 여성의 타고난 수완이라는 사실뿐이었다. 이것이 그가 온 정신을 집중해 인간을 이해하려고 애를 써서 배운 모든 것이었다. 개별적인 경우 그는 항상 교묘하게 문제의 본질을 놓쳤는데, 언제나 인위적인 의도와 깊은 관련성을 전제로 삼았기 때문이며, 무엇이 중요하지 않은지에 대한 감각이 전혀 없었기 때문이다. 그와 동시에 도박에 대한 열정이 자랐다. 도박의 우연적인 복잡성, 특수성, 운은 그의 흥미를 북돋았다. 그건 자신의 열정과 그 열정의 대상들과 더 높은 관계 속에서 순전히 제멋대로 대단한 도박을 감행하거나 혹은 감행했다고 믿었을 때 느꼈던 것과 똑같았다.

그렇게 그는 타락한 모임의 간계에 점점 더 깊이 뒤엉켜 들었고, 오락의 소용돌이 안에서 시간과 힘 중 아직 그에게 남아 있는 것을 한 아가씨에게로 쏟아 넣었다. 매춘하는 여인들 중에서 그녀를 발견하기는 했지만, 그는 가능하면 정말 기꺼이 그녀를 혼자서만 소유하고 싶었다. 그녀에게 끌리는 이유는, 모두가 그녀를 찾기 때문만도 아니었고 또 그녀를 유명하게 만든 것, 즉 보기 드문 그녀의 세련됨과 무한히 다양한 관능적인 유혹의 기교 때문만은 아니었다. 그녀의 순진한 유머가 그를 더 놀라게 하고 제일 매혹시키기도 했는데, 그건 마치 훈련받지 않았으나 유능한 지성의 밝은 불빛 같았다. 특히 그녀의 단호한 태도와 일관된 행실이 그를 정말 유혹했다. 가장 부패한 상황 속에서 그녀는 어떤 성격적 특징을 보여주었다. 그녀는 정말 기이했고, 저속하지 않은 이기심이 있었다. 자립 바로 다음으로 그녀가 좋아하는 돈만큼, 그렇게 엄청 좋아하는 것은 없었다. 그러나 그녀는 돈을 쓸 줄 알았다. 동시에 그녀는 아주 부유하지는 않은 모든 사람에게 예의바르게 대했고, 부유한 사람들에게조차 소유욕의 관점에서는 솔직하였고, 어떤 간계도 부리지 않고 대했다. 그녀는 현재에는 아무 걱정 없이 사는 것처럼 보였지만, 늘 미래에 대해 생각하고 있었다. 나름의 방식에 따라서 중요한 일에서는 크게 돈을 썼고, 최고의 사치를 하기 위해 사소한 일에서는 돈을 아꼈다. 그녀의 방은 소박했고, 일상적인 가구 하나 없었으며, 그저 사방에 크고 비싼 거울만이 달려 있었다. 아직 공간이 남은 곳에는 코레

조[21]와 티치아노[22]의 관능적인 그림의 훌륭한 모사품 몇 점과, 마찬가지로 신선하고 만개한 꽃들과 과일이 그려진 아름다운 그림 원본 몇 점이 걸려 있었다. 벽면은 나무나 대리석을 붙이는 대신, 고대 양식을 따라서 석고 부조로 만든 가장 생생하고 즐거운 장면들로 장식되었다. 의자 대신 진짜 페르시아의 양탄자가 깔려있었고, 실물 조각 반 정도의 대리석 조각상들이 있었다. 이것들은 달아나다가 넘어진 요정 위를 벌써 완벽히 덮친 탐욕스러운 판[23]의 조각상 그리고 미소를 띤 채 옷을 걷어 올리며 고개를 돌려 색정을 자극하는, 등 너머로 엉덩이를 바라보는 비너스, 이와 비슷한 것을 묘사한 다른 석상들이었다. 이곳에 그녀는 터키식으로 혼자 앉아 며칠 동안 계속 아무 일도 하지 않고, 손을 무릎에 올린 채 앉아 있었다. 왜냐하면 그녀는 여성이 하는 모든 일을 싫어했기 때문이다. 단지 가끔씩 향기로 원기를 회복했고, 그러면서 그림같이 아름다운 소년인 자신의 하인에게, 그가 열

---

21 코레지오(1494~1534): 이탈리아 화가.

22 티치아노(1490?~1576): 이탈리아 화가.

23 판은 로마 신화에서는 '사튀로스'이다. 슐레겔은 신화적 존재를 그리스어와 라틴어 이름 두 가지로 혼용하여 사용한다. 본문에 근거하여 번역에서도 이 이름들은 통일하지 않는다.

네 살일 때 그녀가 특별히 유혹했던 그에게, 이야기와 여행기와 동화를 읽게 했다. 그녀는 뭔가 재미있는 이야기가 나오거나 그녀도 옳다고 생각하는 일반적인 소견이 나올 때를 제외하고는, 별로 주의를 기울이지 않았다. 왜냐하면 그녀는 어떤 것에도 주의를 기울이지 않았으며, 현실적인 것 외에는 그 어떤 것에 대해서도 이해하지 못했고, 모든 문학을 우습게 여겼기 때문이다. 그녀는 한때 연극배우였지만 아주 잠깐뿐이었고, 연극할 때 자신의 미숙함과 자신이 견딘 지루함을 즐겨 놀렸다. 이런 경우에 3인칭으로 자신을 말하는 것은 그녀가 가진 많은 특성 중의 하나였다. 이야기할 때도, 그녀는 자신을 리제테라고만 불렀고, 글을 쓸 수 있다면 자기의 이야기를 쓰고 싶은데, 마치 다른 사람인 듯 그렇게 글을 쓰고 싶다고 자주 말하기도 했다. 음악에 대해서는 감수성이 없었지만 조형예술에 대해서는 상당한 감수성을 가지고 있어서, 율리우스는 자신의 작업이나 이상에 대해 자주 그녀와 이야기를 나누었고, 그녀가 보는 앞에서, 그리고 그녀와 얘기하면서 그린 스케치를 가장 훌륭하다고 생각했다. 하지만 그녀는 조각과 도안에서는 생동감 넘치는 힘만 높이 평가했고, 회화에서는 그저 색채의 마술, 신체의 사실성과 기껏해야 빛의 환영을 높이 평가했다. 누군가가 그녀에게 규칙과 이상, 소위 말하는 묘사에 대해 말하면, 그녀는 웃어넘기거나 귀담아 듣지 않았다. 많은 사람들이 기꺼이 교사가 되어주겠다고 제안했지만, 스스로 뭔가를 시도하기에 그녀는 너무 굼떴고, 버릇이 없었으며, 자신의 삶의 방식대로 사는 것을 너무 편안하게 생각했다. 그녀는 모든 감언이설을 믿지도 않았고, 자신은 있는 힘껏 노력하고 작업하더라도 예술에서는 제대로 된 것을 만들어낼 수 없다는 것을 확신했다. 사람들이 그녀의 취향을 칭찬하고, 그녀가 좋아하여 정말 정선한 물건들을 들여놓은 방을 칭찬하면, 이에 대해 비웃는 태도로 우선 오래되고 훌륭한 섭리를 칭찬했고, 영리한 리제테를 칭찬했고, 그다음에는 자신이 알고 있는 모든 민족 중에서 영국인과 네덜란드인이 최고라며 칭찬했다. 왜냐하면 이런 종류의 몇몇 풋내기의 꽉 찬 지갑이 그녀가 가구를 넉넉하게 들일 수 있는 훌륭한 기반을 제공했기 때문이다. 그녀는 어리석은 남자를 감언으로 속일 때 정말 즐거워했다. 하지만 그녀는 이것을 재미있고 거의 유치한 방식으로 재기발랄하게 했는데, 야비하기보다는 들뜬 마음에서 했다. 그녀는 남성의 끈덕짐과 뻔뻔함을 멀리하기 위해 자신의 모든 영리함을 사용했다. 게다가 이런 일을 아주 잘 처리해서, 상스럽고 난잡한 인간들은 그녀에 대해 경건한 존경심을 갖고 말했다. 하지만 그녀를 잘 모르고 그저 직업으로만 아는 사람한테 그녀는 아주 이상하게 생각되었을 것이다. 호기심 많은 율리우스를 그렇게 특별한 인간관계를 맺도록 제일 먼저 유혹한 것도 바로 그 점이었다. 그리고 그는 곧 경탄할 만한 더 많은 이유를 발견했다. 그녀는 평범한 남성 틈에서 시달리면서 당연하다고 생각되는 행동을 했다. 정확히 말하면, 능숙함과 예술에 대한 감각을 갖고, 하지만 냉정하게. 어떤 남자가 마음에 들면, 그녀는 그를 자신의 성스러운 방으로 이끌었다. 이럴 때 그녀는 완전히 새로운 사람이 된 것처럼 보였다. 그런 뒤에 멋지고 방종한 격분에 빠졌다. 거칠고, 방탕하며 탐욕스럽게 거의 예술은 잊고, 마음을 바쳐 남성다움을 숭배했다. 그래서 율리우스는 그녀를 사랑했는데, 그녀가 많은 말은 하지 않았지만, 그에게 정말 탐닉했기 때문이기도 했다. 그리고 그녀는 누가 지성을 가졌는지 아닌지 곧 알아차렸고, 그런 사람을 찾았다고 생각하면, 솔직해지고 호의적이 되었으며, 그러면 기꺼이 자신의 남자친구가 세상에 대해 알고 있는 것을 말하게 두었다. 많은 사람들이 그녀를 가르쳤지만, 율리우스처럼 그녀의 가장 은밀한 본질을 이해하고, 그렇게 섬세하게 보호하며, 그녀의 실제 가치를 그렇게 존중해주는 사람은 아무도 없었다. 그래서 그녀도 말로 할 수 있는 것보다 더 그에게 헌신하였다. 아마 그녀는 처음으로 자신의 첫 청춘과 순수함을 감격해서 기억하였고, 평소에는 아주 만족했던 주변 환경에 대해 우쭐대지 않았다. 율리우스는 이것을 느끼고 기뻐했다. 하지만 그녀의 신분의 지위와 타락이 그에게 환기시킨 경멸은 절대 극복할 수 없었고, 지을 수 없는 그의 불신은 이 점에서 정당한 것으로 생각되었다. 따라서 언젠가 그녀가 그에게 예상치 못하게 아버지가 될 것이라는 명예를 통지했을 때, 그는 얼마나 분노했던가. 그는 그녀가 약속을 했음에도 불구하고 방금 전 다른 사람의 방문을 받은 사실을 알고 있었다. 그녀는 율리우스에게 약속을 안 할 수 없었다. 아마 기꺼이 약속을 지키고 싶었을 테지만, 그녀는 율리우스가 줄 수 있는 것보다 더 많은 돈을 필요로 했다. 그녀는 돈을 손에 넣는 방법 중 단 한 가지만을 알았고, 그녀는 오직 율리우스만을 위해서 가졌던 배려하는 마음에서, 그가 주려고 했던 것 중에서 최소한의 것만을 가졌다. 격분한 젊은이는 이 모든 것을 깊이 헤아리지 못하고 속았다고 생각했으며, 거친 말로 이를 그녀에게 말했고, 자신이 보기에 매우 격정적이고 감정적인 상태에 있는 그녀를 영원히 떠났다. 그 이후 오래지 않아 그녀의 소년 하인이 눈물과 한탄으로 그를 찾았고, 자신과 함께 갈 때까지 그에게서 떠나지 않았다. 그는 그녀가 거의 벗은 채로 이미 어두워진 방에 있는 것을 발견했다. 그는 사랑하는 품으로 파고들었다. 그녀는 평소처럼 두 팔로 그를 아주 격렬하게 자신에게로 끌어당겼지만 그 팔은 곧 그의 몸에서 아래로 떨어졌다. 그는 깊이 탄식하는 한

숨 소리를 들었다. 그것이 마지막 한숨이었다. 그가 자신을 살펴보자, 피로 범벅이 되어 있었다. 굉장히 놀라 그는 벌떡 일어났고 도망치려 했다. 순간 피로 물든 칼 옆의 바닥에 떨어져 있는 커다란 고수머리 다발을 움켜쥐려 머물렀을 뿐이었다. 그녀는 조금 전에 자신에게 치명적인 수많은 상처를 입히기 전에, 격정적인 절망의 발작 상태에서 머리다발을 잘라냈다. 아마도 이렇게 함으로써 죽음과 불행에 자신을 희생물로 헌정할 생각이었을 것이다. 왜냐하면 소년의 말에 따르면, 그녀는 머리를 자르며 큰 소리로 다음과 같이 말했다고 한다. "리제테는 죽어야해, 이제 곧 죽어야해. 운명이 그걸 원해, 냉혹한 운명이."

이 놀라운 비극이 매력적인 젊은이에게 준 인상은 잊히지 않았고, 그 인상은 자신의 가책으로 점점 더 깊이 각인되었다. 리제테의 파멸의 첫 번째 결과는, 그가 광신적인 존경을 담아 그녀의 추억을 숭배한 것이었다. 그는 그녀의 고귀한 에너지를, 전에 그를 좋지 않은 상황에 묶어놓았던 숙녀의 비열한 간계와 비교했고, 그의 감정은 리제테가 더 도덕적이며 여성스럽다고 단호하게 결정할 수밖에 없었다. 왜냐하면 그 교태스러운 여인은 어떤 저의 없이는 절대로 크거나 작은 호의를 베풀지 않기 때문이다. 그럼에도 그녀는 그녀와 같은 많은 다른 사람들처럼 온 세상의 존경과 경탄을 받았다. 그 때문에 그의 지성은 여성의 덕에 대한 사람들의 모든 옳고 그른 의견에 격렬하게 반항했다. 그의 기본 원칙은, 그가 지금까지는 무시하기만 했던 사회의 선입견을 이제는 단호하게 경멸하는 것이었다. 그는 거의 자신의 유혹의 노획물이 될 뻔했던 다소곳한 루이스를 기억해내고는 깜짝 놀랐다. 왜냐하면 리제테도 좋은 가문 출신이었으나 일찍 타락했고 유혹되어 타향에 버려졌고, 돌아가기에는 너무 자존심이 강했고, 다른 여인들은 마지막 경험을 통해서나 깨우침을 받는데, 이들과는 달리 첫 번째 경험을 통해 그렇게 깨우침을 받았기 때문이다. 그는 고통스럽게 기뻐하며 그녀의 청춘 초기에 있었던 많은 흥미로운 특징들을 모았다. 당시 그녀는 경솔하기보다는 우울했다. 하지만 마음 깊은 곳에는 불꽃이 일렁였다. 사람들은 이미 어린 소녀였을 때 그녀가 나체 그림들을 보는 것을 목격하거나, 다른 경우에는 아주 격정적인 육욕을 범상치 않게 표현하는 그녀를 보았다.

율리우스가 여성의 성(性)에 일상적인 것이라고 생각했던 그런 것과는 다른 이러한 예외는 너무 유별났고, 그녀를 만났을 때의 그 상황들은 그가 이를 통해 어떤 참된 이해에 도달하기에는 너무 부도덕했다. 더 정확히 말하자면 그의 감정은 여성들 그리고 그녀들이 분위기를 주도했던 모임으로부터 그를 내몰아 거의 완전히 벗어나게 했다. 그는 자신의 열정적인 본성을 두려워해서, 자신처럼 열광할 수 있는 젊은이들과의 우정에 온통 자신을 쏟아 부었다. 그는 이들에게 마음을 주었고, 그에게는 그들만이 정말로 실제였고, 나머지 일반적인 그림자와 같은 다수의 존재들을 경멸하는 것에 즐거워했다. 그는 내면에서 열정으로, 궤변으로 싸움을 했고, 자신의 친구들에 대해, 친구들의 좋은 점들에 대해, 자신에 대한 그들의 관계에 대해 골똘히 생각하곤 했다. 자기 자신의 생각과 내적 대화에 열중하였고, 자부심과 남성성에 도취했다. 또한 친구들 모두는 고귀한 사랑에 빛났고, 많은 위대한 힘들이 여기서 발전되지 않은 채 잠복되어 있었다. 이들은 거칠지만 적절한 말로 예술의 기적에 대해, 삶의 가치와 덕과 자립의 특성에 대해 고귀한 견해들을 자주 말하곤 했다. 특히 남성들의 우정의 신성함에 대해 말했는데, 율리우스는 남성의 우정을 자기 삶 본연의 일로 만들 작정이었다. 그는 사람들과의 친분이 많았고, 항상 새로운 관계를 맺는 데 물리지도 않았다. 흥미롭게 생각되는 모든 남자를 찾았고, 이 사람을 얻을 때까지 그리고 자기 젊음의 집요함과 확신을 통해 다른 사람의 신중함을 이길 때까지 멈추지 않았다. 사실 자신한테는 모든 것이 허용된다고 생각하며 조롱은 무시할 수 있는 그가 일반적으로 예의바르다고 생각되는 것과는 다른 예의바름을 더 명심하고 유념했다고 생각할 수 있다.

그는 한 친구와 사귀면서 그리고 그와의 대화 속에서, 숭고한 지성과 확실하게 계발된 성격에서 보이는 여성적인 관용과 우아함 그 이상을 발견했다. 두 번째 친구는 율리우스와 함께 이 나쁜 시대에 맞서 고귀한 분노를 불태웠고, 뭔가 위대한 것을 하려고 했다. 세 번째 친구의 친절한 정신은 아직도 혼란스러운 암시 상태였다. 하지만 그는 모든 것에 대해 부드러운 감각을 갖고 있었으며 세계를 직관적으로 파악했다. 율리우스는 기품 있게 사는 기술의 측면에서 다른 친구를 자신의 스승으로 존경했다. 또 다른 친구는 자신의 제자로 생각하여, 당분간은 친구의 방탕에 관여하고 그와 어울릴 생각이었는데, 그를 완전히 알고 또 설득한 다음에, 자신의 재능처럼 거의 파멸 근처에서 떠돌고 있는 친구의 위대한 재능을 구하기 위해서였다.

그들은 위대한 대상들에 도달하려고 진정으로 매진했다. 그럼에도 불구하고 그것들은 고상한 말들과 훌륭한 소망 속에 남겨졌을 뿐이다. 율리우스는 계속해서 나아가지 못하였고, 명료해지지도 못하였고, 행동하지도 못하였고 아무것도 창조하지 못하였다. 그렇다, 그는 자신이 완성하고 싶었고, 첫 번째 열광의 순간에 벌써 완성된 것처럼 보였던 모든 작품에 대한 기획이 자신과 친구들에게 넘쳐났을 때보다 자신의 예술을 더 방치한 적은 결코 없었다. 여전히 그에게 남아 있는 건전한 충동이 몇 차례 올라오면 음악으로 진정시켰다. 음악은 그에게 그리움과 우울의 위험하고 끝없는 심연이었고, 그는 기꺼이 이 심연에 빠지려 했다.

이런 내면의 들끓는 소란은 유익할 수도 있었을 것이다. 그러면 절망을 통해 평화와 안정감이 생길 수도 있었고, 자신을 명료하게 생각할 수도 있었을 것이다. 하지만 불만족의 분노가 그의 기억을 산산조각 내었고, 그는 자아(Ich) 전체에 대해 최소한의 견해조차 없었다. 그는 목마른 입술로 매달려 있는 현재 안에서만 살았으며, 어마어마한 시간의 한없이 작으나 측량할 수 없는 부분에 끝없이 몰두했다. 마치 이제는 이 특정한 순간 안에서 그가 오랫동안 찾고 있던 것을 드디어 찾을 수 있다는 듯이. 이런 불만족의 격노는 어쩔 수 없이 곧 그로 하여금 친구들과도 불협화음을 일으켜 갈라지게 했다. 대부분 가장 훌륭한 기질을 가진 친구들은 그와 마찬가지로 아무것도 하지 않았고, 서로 다투고 있었다. 이 친구는 그를 이해하지 못하는 것 같았고, 저 친구는 그저 그의 정신에 경탄할 뿐이었으며, 그의 마음에 대해서는 불신을 표시했고, 그에게 정말로 옳지 않은 일을 했다. 그때 그는 자신의 가장 내면에 있는 명예가 상처를 입었다고 생각했고, 은근한 미움에 마음이 갈기갈기 찢어지는 것처럼 느꼈다. 하지만 두려워 않고 이런 감정에 자신을 내맡겼다. 왜냐하면 사람들은 자신이 존경하는 사람만을 미워해야 하며, 친구들만이 다른 친구의 가장 다정한 마음을 그렇게 깊게 상처 입힐 수 있다고 생각했기 때문이다. 한 친구는 자신의 잘못으로 파멸했다. 또 다른 친구는 자신에게 익숙한 삶을 살기 시작했다. 세 번째의 친구와는 화합을 이루지 못하여, 거의 파탄이 났다. 이 관계는 정말 정신적이었고, 그런 상태로 머물러야 했을 것이다. 하지만 그것은 또한 너무나 예민해서, 가장 우아하게 꽃이 개화하자, 모든 것이 사라져야만 했다. 한 사람이 다른 사람에게 봉사할 기회가 온 순간, 그때 그들은 관용과 감사의 경쟁에 빠졌고, 드디어 영혼의 가장 은밀한 심연 속에서 서로에게 세속적인 요구를 하고 비교하기 시작했다.

우연은 그저 자의에 의해 열정적으로 연결되었던 것을 곧 가차 없이 해체해버렸다. 율리우스는 어떤 상태 속으로 점점 더 빠져들었는데, 이 상태는 우연의 힘에 언제 그리고 어느 정도까지 맡길지 스스로 통제할 수 있다는 점에서만 정신착란과 구분될 뿐이었다. 그래도 그의 외적인 태도는 모든 시민적이고 사회적인 규범을 따랐다. 그리고 모든 고통의 혼란이 그의 내면을 거칠게 산산조각 내고, 정신의 질병이 점점 더 깊고 은밀하게 심장에 못을 박는 바로 이 순간에 사람들은 그를 이성적이라고 말하기 시작했다. 그것은 지성의 광란이라기보다는 감정의 광란이었다. 그리고 그가 겉으로는 즐겁고 명랑해보였기 때문에, 그 병은 그만큼 더 위험했다. 이것이 그의 평상시 기분이었고, 사람들은 그를 유쾌하다고 여기기까지 했다. 단지 평소보다 더 많이 포도주를 마시기만 하면, 그는 극도로 슬퍼하며 눈물을 흘리고 탄식을 했다. 하지만 다른 사람이 있으면 쓰디쓴 익살이나 일반적인 조롱을 쏟아 내거나 유별나고 어리석은 사람들을 놀려댔다. 그는 이들과의 교제를 그 어떤 것보다 좋아했고, 그들을 최고로 기분 좋게 해줄 수 있었다. 그래서 그들은 진심으로 자신들이 어떤 사람인지 알려주고 보여주었다. 이런 저속함이 그를 자극했고 기쁘게 했다. 그런데 상냥하게 자기를 낮추는 마음에서 그런 것이 아니라, 그의 관점에서 볼 때 그것이 바보 같고 미쳤기 때문이다.

그는 자신에 대해서는 생각하지 않았다. 그저 자신이 갑자기 파멸할지도 모른다는 분명한 느낌이 가끔 엄습할 따름이었다. 그는 후회를 억누른 것에 자부심을 느꼈다. 이미 자살에 대한 생각과 이미지는 우울함에 빠진 아주 어린 시절에 친숙했기 때문에, 그런 것들한테서 신선한 매력을 느끼지 못했다. 만일 어떤 결심을 할 수만 있었다면, 그는 아주 쉽게 그런 결심을 실행할 수 있었을 것이다. 그런 것은 그에게 전혀 애쓸 가치가 없었다. 왜냐하면 이런 방식으로 존재의 지루함과 운명에 대한 역겨움에서 벗어나려 하지 않았기 때문이다. 그는 세상과 세상의 모든 것을 경멸했고, 이에 자부심을 느꼈다.

하지만 어떤 여인의 첫 눈길이 이전의 모든 병뿐만 아니라 이 병도 고쳐주었다. 그 여인은 특출했고, 처음으로 완벽하게 그의 정신의 핵심을 건드렸다. 이제까지의 그의 열정은 그저 표면에서만 놀고, 아니면 자신의 삶과 아무런 연관도 없이 그냥 스쳐가는 상태들에 불과했다. 이 여성만이 옳은 대상이고, 이 느낌만이 영원할 것이라는 새롭고 낯선 감정이 이제 그를 사로잡았다. 이미 첫 번째 눈길로 판단했고, 두 번째 눈길에서 그렇게 오랫동안 막연히 기대했던 것이 이제 왔고, 그것이 정말 존재한다는 것을 알아차렸고 그렇다고 다짐했다. 그는 놀라고 경악했다. 왜냐하면 그가 생각했듯 그녀에게서 사랑받는 것 그리고 그녀를 영원히 소유하는 것이 자신의 최고의 자산일 것이기 때문이고, 동시에 최고이자 유일한 이 소망이 영원히 도달할 수 없다고 느꼈기 때문이다. 그녀는 **신중하게 생각하고 행동했다.** 그녀의 친구가 율리우스의 친구이기도 했고, 그 친구는 그녀에게 사랑받을 만하게 살고 있었다. 율리우스는 그들의 친한 친구였고, 따라서 그는 자신을 불행하게 만드는 것이 무엇인지 다 알았고, 자신의 무가치함을 엄격하게 평가했다. 그는 열정의 온 힘을 바쳐 이런 무가치함에 대항했다. 희망과 행복을 스스로 포기했지만, 그럴 가치가 있도록 스스로 주인이 되기로 결심했다. 그저 의미 없는 말 한마디, 은근한 한숨을 통해서 자신을 채우고 있는 것 중 아주 최소한이라도 드러난다는 생각, 그한테 이것보다 더 혐오스러운 것은 없었다. 분명 어떤 표현을 해도 도리에 맞지 않았을 것이다. 그리고 그는 너무나 격정적이고, 그녀는 너무나 세련됐으며, 그들의 관계는 너무나 섬세했다. 그 때문에 무심한 듯 보이지만 그래도 주의를 끌려는 그런 종류의 단 한 가지 암시라도 필연적으로 문제를 점점 더 복잡하게 만들고, 모든 것을 혼란에 빠뜨렸을 것이다. 그래서 그는 모든 사랑을 자신의 가장 깊은 곳으로 다시 돌려놓았고, 그곳에서 열정이 분노하고 타오르고 소진되게 내버려두었다. 하지만 그의 외적인 모습은 모든 점에서 바뀌었다. 그리고 아첨이 애정행위로 빠지지 않도록 하기 위해, 그가 형제애적인 엄격함과 가장 천진난만한 솔직함과 미숙함이라는 허울을 잘 이용한 덕분에 그녀는 조금도 의심하지 않았다. 그녀는 자신의 행복 속에서 쾌활하고 경쾌했다. 그녀는 아무것도 추측하지 않아서 아무것도 회피하지 않았다. 그가 시무룩해 있으면, 그냥 자신의 유머를 발산하고 마음대로 변덕을 부렸다. 그녀의 성품 안에는 여성의 본성이라 할 수 있는 모든 고귀함과 우아함뿐만 아니라, 모든 신성함과 무례함도 들어 있었다. 하지만 모든 것이 우아하고 교양 있었으며 여성스러웠다. 모든 개별적인 특성은 오직 그녀만을 위해서 존재하는 듯, 자유롭고 힘차게 발전하고 표현되었다. 그럼에도 불구하고 너무나도 서로 다른 것들이 다채롭고 용감하게 혼합되었다. 하지만 전체적으로 봤을 때 혼란스럽지 않았다. 왜냐하면 하나의 정신, 즉 조화와 사랑의 생생한 입김이 전체에 생명을 불어넣었기 때문이다. 그녀는 우스꽝스럽고 어리석은 행동을 훈련받은 여배우처럼 장난기와 우아함을 곁들여 흉내 낼 수 있는가 하면, 동시에 고귀한 시를 기교 없는 노래의 매혹적인 가치를 곁들여 낭송할 수 있었다. 그녀는 때로는 모임에서 주목을 받으며 시시덕거리고 싶어 했고, 때로는 열광 그 자체였으며, 또 때로는 마치 자상한 어머니처럼 조언과 행동을 통해, 진지하고 겸손하고 친절하게 도움을 주었다. 별 것 아닌 사건도 그녀가 이야기를 하면 아름다운 동화처럼 그렇게 매력적으로 변했다. 그녀는 모든 것을 부드러운 위트로 감쌌고, 모든 것에 대한 타고난 감각을 지녔으며, 모든 것은 뭔가를 만들어내는 그녀의 손길과 달콤하게 말하는 그녀의 입술을 통해서 고귀해졌다. 아무리 좋고 위대한 것일지라도, 그녀가 가장 열정적으로 참여하기에 너무 성스럽지도 너무 평범하지도 않았다. 그녀는 모든 암시를 이해했고, 질문 받지 않은 질문에도 대답했다. 그녀에게 설교하는 것은 불가능했다. 설교는 그냥 저절로 대화로 바뀌고, 대화가 점점 흥미로워지고, 그녀의 우아한 얼굴에서 사상적 깊이를 담은 눈길과 사랑스러운 표정이 점점 더 새롭게 음악을 연주하였다. 그녀의 편지를 읽을 때면 마치 그런 눈길과 표정이 이곳저곳에서 변하는 것을 보고 있는 것만 같았다. 그렇게 그녀는 자신이 대화를 하듯이, 명료하게 그리고 정신적으로 풍요롭게 글을 써내려갔다. 그녀를 이런 측면에서만 아는 사람은 그녀가 그저 상냥하고, 배우가 되면 남들을 매료시킬 수 있을 것이고, 날개를 단 그녀의 언어가 감수성이 풍부한 시가 되기에는 그저 박자와 운율이 부족할 뿐이라고 생각할 수도 있을 것이다. 그렇지만 이 여인은 모든 중요한 계기가 있을 때마다 경탄할 만한 용기와 힘을 보여주었는데, 이것 또한 그녀가 인간의 가치를 평가하는 고결한 관점이었다.

영혼의 이런 위대함이, 율리우스의 열정이 시작할 때 그를 제일 많이 사로잡았던 그녀 본성의 측면이었다. 바로 이런 측면이 그의 열정이 가진 진지함과 가장 잘 어울렸기 때문이다. 그의 온 존재는 마치 표면에서 내면으로 물러난 것 같았다. 그는 상당히 수줍어하여, 사람들과 교제를 멀리했다. 거칠고 험한 바위산들이 그가 제일 좋아하는 교제대상이었다. 그는 쓸쓸한 바닷가에서 생각에 몰두하고, 철저히 숙고했다. 높은 전나무 사이를 지나는 바람이 쏴쏴 거릴 때면, 저 아래 깊은 곳에서 강력한 파도들이 흥미와 동정심에서 자신에게 다가오려 한다고 생각하기도 했다. 그러면서 멀리 있는 배들과 지는 해를 우울하게 바라보았다. 이 장소는 그가 좋아하는 곳이었고, 기억 속에서 모든 고통과 결단의 성스러운 고향이 되었다.

기품 높은 여자 친구를 숭배하는 것은 그의 정신에게 새로운 세계의 단단한 중심이자 토대가 되었다. 이제 모든 의심이 사라졌다. 이 진정한 영토 위에서 그는 삶의 가치를 느꼈고, 의지의 전능함을 예감했다. 실제로 그는 강력한 어머니 대지의 신선한 초지 위에 섰고, 그의 머리 위로는 푸른 천공 속에 새로운 하늘이 아치를 이루었다. 그는 내면에서 신성한 예술을 위한 고귀한 소명을 인식했고, 교양 면에서 여전히 뒤쳐진 데다 힘찬 노력을 하기에 너무 패기가 없던 자신의 나태함을 꾸짖었다. 하지만 그는 자신을 나태한 절망에 빠지게 두지 않고, 정신 차리게 만드는 성스러운 의무의 목소리를 따랐다. 무절제한 생활 속에서도 아직 자신에게 남아 있는 모든 수단을 강구했다. 이전의 모든 굴레를 단번에 끊어버리고, 단숨에 자신을 완전히 독립적으로 만들었다. 자신의 힘과 젊음을 고귀한 예술 작업과 열정에 바쳤다. 자신의 현시대를 잊고, 이전 세계의 영웅을 따라 정신을 발전시켰다. 그는 이전 세계의 폐허를 경배할 정도로 사랑했던 것이다. 그 자신에게도 현재란 없었다. 왜냐하면 그는 미래 속에서, 그리고 장차 자신의 덕과 가치를 기릴 기념물을 남기기 위해 영원한 작품을 완성하려는 희망 속에서만 살았기 때문이다.

그렇게 그는 여러 해를 고통스럽게 살아서, 그를 본 사람은 그가 본래 나이보다 더 많아 보인다고 생각했다. 그가 창작한 것은 거대한 규모로, 고전적 스타일로 구상되었다. 하지만 그 진지함은 겁을 먹게 할 정도였고, 형식들은 괴기할 정도였다. 고전적 예술은 그에게 굳어진 매너리즘이 되어 버렸으며, 그가 그린 그림들은 아주 정확하고 이성적임에도 경직되고 딱딱해 보였다. 칭찬할만한 점이 많았지만 우아함이 전혀 없었다. 이런 점에서 그는 자신의 작품들과 비슷했다. 그의 성품은 거룩한 사랑의 고통 속에서 순수하게 불타올랐고, 밝은 기운 속에서 빛났지만, 순수 금속처럼 다루기 힘들고 뻣뻣했다. 그는 냉정하기에 고요했다. 자연 속의 좀 높고 외로운 황무지가 평소보다 더 그를 매혹시킬 때나, 멀리 있는 여자 친구에게 교양을 쌓기 위한 노력과 모든 예술 작품의 목적에 대해 진심어린 보고를 할 때나, 다른 사람들이 있는데도 예술에 대한 열정이 그를 엄습하여 오랫동안 침묵한 뒤에 그의 가장 깊은 내면에서부터 몇 마디 말이 터져 나올 때만, 그는 흥분하였다. 하지만 이런 일은 아주 드물었다. 왜냐하면 그는 다른 사람들만큼이나 자신에게 관심을 쏟지 않았기 때문이다. 다른 사람들의 행복이나 노력에 대해서 그는 그저 친절하게 미소를 지을 수는 있었다. 이들이 자신을 달갑지 않다고, 불친절하다고 여기는 것을 알아차리면 이를 곧이곧대로 믿었다.

그런데 어떤 고귀한 여인이 그에게 약간 관심을 갖고 좋아하는 것 같았다. 그녀의 예리한 지성과 섬세한 감수성이 그를 강력히 끌어당겼다. 특히 사랑스러운 외모가 매력적이고 눈에 고요한 우울함이 가득했기 때문에 더욱더 그랬다. 하지만 그가 자주 다정해지려고 할 때마다, 오래된 불신과 습관적인 쌀쌀함이 그를 사로잡았다. 그녀를 자주 보았지만, 이런 감정의 물결은 결국 전반적인 열광의 내적 바다로 되돌아 흘러가서, 절대 마음을 드러낼 수가 없었다. 그의 마음의 군주인 그녀조차도 성스러운 어둠 속으로 뒷걸음질 쳤고, 만일 그가 그녀를 다시 만났더라도, 그에게서 멀리 떨어졌을 것이다.

그의 마음을 보다 부드럽고 따뜻하게 만든 유일한 것은, 그가 여자형제로서 존경하고 사랑했으며, 또 완전히 그렇게 생각했던 다른 여인과의 교제였다. 그는 이미 오랫동안 그녀와는 사교적인 관계를 맺어왔다. 그녀는 병약했고 그보다 나이가 많았다. 그렇지만 밝고 성숙한 지성을 지녔고, 반듯하고 건강한 감각의 소유자였으며, 모르는 사람의 눈에도 사랑스러울 만큼 공정했다. 그녀가 시도한 모든 것에는 친절한 질서의 정신이 숨을 쉬었고, 저절로인 듯 현재의 활동이 이전의 활동에서 점차 발전하여, 조용히 미래의 활동과 평화롭게 연결되었다. 이런 것을 관찰하면서 율리우스는 일관성 외에 다른 덕은 없다는 것을 분명하게 깨달았다. 그러나 그녀의 일관성은 계산된 원리나 편견이 갖는 냉정하고 경직된 합의가 아니라, 어머니 마음과 같은 굴하지 않는 충실함이었는데, 그건 자신의 영향력과 사랑이 미치는 주변을 겸손한 힘으로 확장하여 자신 안에서 완성하고, 주변 세계의 거친 대상들을 사교적인 삶의 친절한 소유물과 도구로 변화시켰다. 동시에 그녀에게는 가정적인 여인들의 편협함은 없었다. 그녀는 깊은 관용과 부드러운 감정을 갖고 인간의 지배적인 의견에 대해, 그리고 지배적 여론을 거역하며 사는 사람들의 예외와 허세에 대해 이야기했다. 왜냐하면 그녀의 지성은 그녀의 감정만큼이나 그렇게 확고하고 순수했으며 거짓이 없었기 때문이다. 그녀는 이야기하는 것을, 특히 도덕적인 대상에 대해 이야기하기를 정말 좋아했다. 논쟁을 보편성의 영역으로 끌고 갔고, 이런 대상들에 뭔가가 포함된 듯 보이고 중요하다고 생각되면, 궤변도 좋아했지만 말이다. 그녀는 말을 아끼지 않았고, 그녀의 대화는 그 어떤 세밀한 원칙에도 좌우되지 않았다. 대화는 개별적인 착상들과 일반적인 동감, 지속적인 관심과 갑작스러운 부주의가 매력적으로 혼합된 것이었다.

자연은 드디어 그 훌륭한 여성의 모성적인 덕에 보답했다. 그녀가 거의 바라지 않은 순간, 그녀의 충실한 마음 아래서 새로운 삶이 움텄다. 그 삶은 진정으로 그녀에게 애착을 갖고 있었고, 그녀의 가정적인 행복에 가장 따스한 관심을 보이던 젊은이를 생동감 넘치는 기쁨으로 가득 채웠다. 그의 내면에서 오랫동안 침묵하고 있던 많은 것이 각성된 것이다.

이 때에 그가 행한 몇 가지 예술적 시도가 그의 가슴 속에도 새로운 확신을 일깨웠고, 처음 맛본 위대한 대가들의 박수갈채가 그를 격려했다. 그래서 예술은 볼만한 가치가 있는 새로운 장소와 낯설고 즐거운 인간들 사이로 그를 이끌었다. 그러자 그의 감정은 부드러워지면서 강력하게 흘렀다. 얼음이 녹고 부서지면서 물결이 새로운 힘을 얻어 옛 물줄기를 따라 지나가는 거대한 강처럼.

그는 사람들과의 교제에서 다시 자유분방해지고 즐거움을 느끼는 자신에 놀랐다. 그의 사고방식은 남성적이고 거칠었지만, 그의 심장은 고독 속에서 다시 어린아이처럼 천진난만하고 수줍어졌다. 그는 어떤 마음의 고향을 그리워했고, 예술의 요구와 싸우지 않을 멋진 결혼을 생각했다. 그런 뒤 젊음이 만개한 아가씨들 틈에 있자, 그는 쉽게 그들 중 하나 혹은 여럿이 애교 있는 사람이라고 생각했다. 그런 아가씨와 곧 결혼하고 싶다는 마음이 들었다. 그녀와 사랑할 수 없다고 해도 말이다. 왜냐하면 사랑의 의미와 사랑이라는 이름 자체가 그에게는 지나치게 성스럽게 생각되었고, 아주 멀리 있는 것 같았기 때문이다. 그래서 그런 경우에 그는 현재 자신의 소망들에서 보이는 한계를 비웃었고, 이 소망들이 마술처럼 순식간에 충족된다 해도 자신이 많은 것들을 얼마나 한도 끝도 없이 아쉬워할지 잘 알았다. 어떤 때는 그렇게 오랫동안 억누른 뒤에 터져버린 자신의 오래된 격정을 크게 비웃었다. 왜냐하면 갑자기 마련된 기회가 그에게 새로운 즐거움을 제공했기 때문이고, 시작해서 완성되어 끝날 때까지 몇 분밖에 걸리지 않는 그런 소설을 읽으면, 그의 기분은 적어도 몇몇 변덕에서 벗어나 자유로워지고 가벼워졌기 때문이다.

아주 교양 있는 소녀가 그를 마음에 들어 했다. 왜냐하면 그가 그녀의 기백이 넘치는 대화와 뚜렷한 내면을 가진 그녀의 아름다운 정신을 찬양했는데, 감언이설의 말은 하지도 않고 오직 바르게 처신하는 방식을 통해서만 경의를 표했기 때문이다. 그가 이런 행동을 정말 잘 해서, 그녀는 마지막 하나만 빼고, 점점 더 그에게 모든 것을 허용했다. 그리고 냉정함이 아니라 그저 신중함과 원칙에 따르기 위해 그에게 제한을 두었을 뿐이었다. 왜냐하면 그녀는 충분히 열정적이었고, 기질상 향락적인 태도를 지향했고, 가장 자유로운 관계 속에서 살았기 때문이다. 그것은 여성적인 자부심이었으며, 거칠고 동물적이라고 여기는 것에 대한 두려움이었다. 율리우스에게는 이뤄질 수 없는 그런 사랑의 시작은 이제 별로 의미가 없었다. 그는 이런 심술궂고 너무 기교를 부리는 존재와 비교하여, 전능한 자연의 창조와 효능, 그 자연의 영원한 법칙, 모성의 기품과 위대함, 건강과 사랑의 충만함 속에서 삶의 열광에 사로잡힌 남성의 아름다움, 혹은 그런 열광에 헌신한 여인의 아름다움을 생각할 때마다, 소녀의 사소한 교만을 비웃을 수밖에 없었다. 그럼에도 이런 상황에서 자신이 부드럽고 우아한·즐거움에 대한 감각을 아직은 잃어버리지 않았음을 알게 되어 기뻤다.

하지만 그는 곧 이와 비슷한 이런저런 사소한 것들을 잊었다. 왜냐하면 어린 여성 예술가를 만났기 때문이다. 그녀는 그처럼 아름다움을 열정적으로 숭배하고, 고독과 자연을 정말 사랑하는 듯 보였다. 그녀가 그린 풍경화들 속에서 사람들은 대기가 진정으로 생생하게 숨 쉬는 것을 보고 느꼈다. 그것들은 항상 완벽한 경관을 보여주었다. 그림의 윤곽들은 너무 애매한데, 사실 그 방식은 기본적인 훈련이 부족하다는 점을 드러내주었다. 그러나 그림의 모든 요소들은 감정의 통일을 위해 서로 조화롭게 화합했다. 그 통일성이 너무나 명료하고 분명해서 동시에 다른 것을 느끼는 것은 불가능할 것 같았다. 그녀는 그림을 그리기는 했지만 일이나 예술로서가 아니라, 그저 즐거움과 사랑의 마음에서 그림을 그렸고, 돌아다니다가 어떤 풍경이 마음에 들거나 강한 인상을 주면, 시간과 기분에 따라 펜이나 수채물감으로 종이에다 눈에 보이는 모든 것을 그렸다. 유화로 그리기에는 인내심과 부지런함이 부족했다. 초상화는 정말 드물게, 어떤 얼굴이 아주 뛰어나거나 가치 있다고 생각할 때만 그렸다. 그런 뒤에는 정말 성실할 정도로 정확하고 조심스럽게 작업을 하였고, 매혹적으로 온화하게 터치하며 파스텔 색조를 다룰 줄 알았다. 예술에 있어서 이런 시도가 아주 제한적이고 사소한 가치를 지닐 수도 있었지만, 율리우스는 그녀가 그린 풍경 속의 아름다운 야생성과 인간의 얼굴 표정에 나타나는 수수께끼 같은 다양성과 놀라운 조화를 파악해내는 그녀의 정신을 아주 좋아했다. 그 여성 예술가의 얼굴 표정은 정말 평범했지만, 아주 의미 없지는 않았다. 그리고 율리우스는 거기서 늘 새롭게 느껴지는 위대한 표정을 발견했다.

루친데는 낭만적인 것에 대한 뚜렷한 소질이 있었다. 그는 자신과 훨씬 더 닮은 점을 알게 되어 놀랐고, 점점 더 새로운 점을 발견했다. 그녀도 평범한 세계에 살지 않고, 전형적으로 자신이 생각하고 자신이 창조한 세계에 사는 사람들 중의 하나였다. 그녀가 진심으로 사랑하고 존경하는 것만이 그녀에게 정말 현실적이었으며, 다른 모든 것은 아무것도 아니었다. 그리고 그녀는 무엇이 가치 있는지 잘 알았다. 그녀도 과감한 결심으로 모든 연줄과 모든 사회적 굴레를 단호하게 끊어버리고 완전히 자유롭고 독립적으로 살았다.

이렇게 놀라운 유사성이 젊은이를 곧 그녀 곁으로 끌어당겼고, 그는 그녀 역시 이런 유사성을 느낀다는 것을 깨달았다. 두 사람은 서로 무관심하지 않다는 것을 알아차렸다. 그들이 서로를 바라보는 데는 그리 오래 걸리지 않았다. 율리우스는 의미는 풍부하지만 정말 알아듣기 힘들고, 연관성 없는 말을 어렵사리 몇 마디 꺼냈다. 그녀가 남들에게 큰 비밀로 하는 그녀의 운명과 이전의 삶에 대해 그는 더 많이 알고 싶어졌다. 그녀는 큰 감정의 고통을 느끼며 고백했다. 자신은 이미 예쁘고 튼튼한 사내아이를 낳았는데, 곧바로 죽음이 그 아이를 그녀로부터 빼앗아갔다고 했다. 그도 자신의 과거를 기억했다. 그녀에게 자신의 삶을 이야기하면서, 그는 처음으로 자신의 삶이 형태를 갖춘 이야기가 되는 것을 보았다. 그녀와 음악에 관해 이야기할 때, 자신의 내면 깊숙이 있는 이 낭만적인 예술의 성스러운 매력에 대한 자신만의 생각들이 그녀의 입을 통해 들렸을 때, 그는 얼마나 기뻤는지! 그가 그녀의 노래가 깊고 부드러운 영혼 속에서 순수하고 강력하게 형성되며 솟아오르는 것을 들었기 때문이며, 그녀의 노래에 맞추어 자신의 노래로 반주하자, 그들의 목소리가 곧 하나로 흘러갔기 때문이며, 가장 여린 감정의 언어로 말할 수 없는 질문과 대답이 오고 갔기 때문이다! 그는 저항할 수가 없었다. 그녀의 신선한 입술과 불타는 눈에 수줍은 입맞춤을 했다. 영원한 황홀경을 느끼며, 고귀한 여인의 머리가 자신의 어깨에 기대는 것을 느꼈다. 검은 고수머리가 탐스러운 가슴과 아름다운 등의 눈같이 흰 살결 위로 흘러내렸다. 그는 나직이 말했다. "훌륭한 여인이여!" 이때 고약한 무리들이 불시에 들이닥쳤다.

이제 그의 생각에 따르면, 그녀는 사실 이미 모든 것을 그에게 허락했다. 정말 순수하고 위대하다고 생각하는 관계를 그는 트집 잡을 수 없었다. 그렇다고 해서 망설이는 것도 견딜 수 없었다. 그는 먼저 신에게 어떤 것의 과정이나 수단으로만 생각하는 것을 간청하지 말고, 곧바로 대놓고 확실하게 모든 소원의 목적이 무엇인지 고백해야 한다고 생각했다. 그래서 그도 사랑하는 여인에게 원할 수 있는 모든 것을 달라고 그녀에게 진심으로 솔직하게 간청했고, 만일 그녀가 지나치게 여성적이고자 한다면 홍수처럼 쏟아지는 달변으로 자신의 열정이 자신을 파괴할지도 모른다고 말했다. 그녀는 적지 아니 놀랐지만, 헌신한 뒤에는 그가 이전보다 더 사랑스럽고 더 소중하리라는 점을 충분히 예상했다. 그녀는 결정을 내릴 수가 없어서, 운명이 이끄는 대로 상황이 흘러가게 내버려두었다. 그들이 각자 홀로 있는 며칠 만에, 그녀는 그에게 영원히 자신을 내맡기고, 자신의 위대한 영혼의 심연을 열어 보이고, 그녀 안에 존재하는 모든 힘, 본성과 성스러움을 보여주었다. 그녀도 오랫동안 강제된 은둔 속에 살았다. 그런데 이제 포옹을 하는 사이사이에, 그동안 억눌렸던 신뢰와 할 이야기가 마음 가장 깊은 곳에서 말의 홍수를 이루며 갑자기 터져 나왔다. 하룻밤 사이에, 두 사람은 한 차례 이상 번갈아가며 격하게 울기도 크게 웃기도 했다. 그들은 완전히 자신을 내어주고 하나가 되었으나, 각자는 온전히 자기 자신이었다. 이전의 자신들보다 훨씬 더 자신이었다. 그리고 모든 표현마다 가장 깊은 감정과 가장 고유한 본성이 가득했다. 때로는 그들은 끝없는 황홀경에 사로잡히기도 하고, 경솔하게 시시덕거리며 서로 희롱하기도 했다. 여기에는 정말 아모르가, 정말 드문 모습이기는 하지만, 행복한 아이가 존재했다.

여자 친구가 그에게 마음을 터놓은 것을 통해 젊은이는 분명히 다음을 알게 되었다. 여인만이 정말로 불행할 수 있고 정말로 행복할 수 있으며, 인간과의 교제 한가운데서 본성의 창조물로 남아 있는 여인들만이 신들의 호의와 선물을 받아들이는 데 필수적인 천진한 감각을 가질 수 있다는 사실 말이다. 그는 자신이 찾은 아름다운 행복을 존경하는 법을 배웠다. 그는 이전에 고집스러운 우연으로부터 억지로 빼앗으려 했던 추하고 가짜인 행복을 아름다운 행복과 비교해 봤다. 그러자 이 행복은 모조 장미와 비교하면 생생한 가지에 달린 자생의 장미처럼 생각되었다. 하지만 밤의 도취 속에서도 한낮의 기쁨 속에서도 그는 이 행복을 사랑이라고 부르고 싶지 않았다. 사랑은 자신을 위한 것도, 자신은 사랑을 위한 사람도 아니다, 이렇게 그는 자신을 몹시 비난했다! 이런 자기기만을 정당화하기에 합리화는 쉬운 일이었다. 그는 그녀에 대한 격정적인 열정을 마음에 품고, 영원히 그녀의 친구가 될 것이라고 생각했다. 이게 그의 판단이었다. 그녀가 그에게 주는 것, 그에 대해 느끼는 것, 그것을 그는 연정, 추억, 헌신, 희망이라고 불렀다.

그 사이 시간이 흐르고 기쁨은 자라났다. 율리우스는 루친데의 품속에서 자신의 젊음을 다시 찾았다. 가슴의 신선한 매력과 거울처럼 매끈한 처녀의 몸보다, 아름답게 발육한 그녀의 풍만한 몸매가 그의 격정적인 사랑과 감각을 자극했다. 그녀의 포옹이 주는 매혹적인 힘과 온기는 소녀다움 이상이 었다. 그녀는 오직 어머니만이 가질 수 있는 열정과 깊이가 있는 숨결을 지녔다. 부드러운 황혼의 마법과 같은 광선에 둘러싸인 그녀를 느긋하게 바라볼 때면, 그는 물결치는 윤곽을 부드럽게 어루만지는 것을 멈출 수가 없고, 매끈한 피부를 덮은 부드러운 옷 아래에서 흐르는 가장 우아한 삶의 따뜻한 물결을 느끼지 않을 수가 없었다. 그러면서 그의 눈은 그림자의 효과에 따라 다양하게 변하는 듯 보이지만 늘 그대로인 색들에 취했다. 그건 순수한 혼합이어서, 흰색도 갈색도 붉은색도 한 가지만 뚜렷하게 두드러져 보이지 않았다. 모든 것은 베일에 가려지고, 부드러운 삶의 유일하며 조화로운 빛으로 녹아들었다. 율리우스 또한 남성적인 면에서 아름답지만, 그의 육체의 남성성은 근육의 두드러진 힘 속에서 나타나지 않았다. 오히려 육체의 윤곽은 부드럽고, 손발은 둥그스름하고 통통하지만, 살찐 부분은 없었다. 밝은 빛속에서 몸의 표면은 다부진 덩어리로 보이고, 매끈한 몸매는 대리석처럼 단단하고 견고해 보였다. 그들의 사랑의 투쟁 속에서 그의 힘찬 외형의 모든 풍부함이 단번에 드러났다.

그들은 자신들의 젊은 삶을 기뻐했고, 몇 달이 마치 며칠처럼 지나가더니 2년이 훌쩍 지나갔다. 이제야 율리우스는 자신의 서투름이 얼마나 큰지, 지성의 부족이 얼마나 큰지를 점차 깨달았다. 그는 사랑과 행복을 발견할 수 없는 곳에서도 그것들을 찾아다녔고, 이제 최고의 것을 소유한 순간, 이 최고의 것을 알지도 못했고 감히 제대로 된 이름을 붙여줄 줄도 몰랐다. 그는 이제야 잘 알았다, 여성의 영혼에게는 완전히 단순하고 불가분한 감정인 사랑이, 남성에게는 그저 열정, 우정, 관능의 교체이며 혼합일 수 있다는 사실을 말이다. 그는 기뻐 놀라며, 이제 자신이 끝없이 사랑하듯, 그렇게 사랑받고 있다는 것을 알았다.

그의 삶의 모든 일에서 특별한 결말이 그를 불시에 덮치도록 예정되어 있는 것 같았다. 처음에는 루친데와 유사한, 아니 아주 똑같은 감각과 정신이 자신에게 있다는 인식이 그의 마음을 심하게 끌어당겼고, 강력하게 타격을 주었다. 그리고 이제 그는 매일 새로운 상이함을 발견해야만 했다. 사실 이 상이함조차도 더 깊은 유사성에 기초를 두고 있었다. 그녀의 특성이 점점 더 풍부하게 발견되면 될수록, 그들의 관계는 점점 더 긴밀해졌다. 그는 그녀의 독창성이 그녀의 사랑만큼이나 무한하다는 사실을 예측하지 못했다. 그녀의 외모는 그의 앞에서 더 젊어지고 더 꽃피는 것 같았다. 그리고 그녀의 정신도 그의 정신과의 접촉을 통해 더 활력을 찾고, 새로운 모습과 새로운 세계로 발전되어 갔다. 그는 이전에 개별적으로 사랑했던 모든 것을, 즉 감각의 아름다운 새로움, 마음을 사로잡는 열정, 겸손한 활동과 온순함, 고귀한 성격을 그녀 안에서 하나로 통합하여 소유한다고 생각했다. 모든 새로운 관계, 모든 새로운 견해가 그들에게 있어서 전달하고 조화를 이루기 위한 하나의 새로운 기관이었다. 서로를 위하는 감정이 자라는 것처럼, 서로를 위하는 믿음 역시 자라났고, 믿음과 함께 용기와 힘이 솟아났다.

그들은 예술에 대한 성향을 함께 나누었고, 율리우스는 자신의 몇몇 작품을 완성했다. 그의 그림들에는 생기가 돌았고, 생명이 불어넣어진 빛의 홍수가 그 위로 쏟아지는 듯 보였으며, 신선한 색채 속에서는 진짜 육신이 꽃 피었다. 목욕하는 소녀들, 은밀한 즐거움을 갖고 물에 비친 자신의 모습을 보고 있는 청년, 혹은 사랑하는 아이를 품에 안은 우아한 어머니는 거의 그의 붓이 가장 좋아하는 대상들이라 할 수 있었다. 어찌 보면 형식 자체는, 예술적 아름다움이 받아들인 여러 법칙과 늘 걸맞는 것은 아니었다. 예술적 아름다움이 눈에 권한 것은 어떤 고요한 우아함, 조용하고 밝은 존재와 이런 존재의 즐거움에 대한 깊은 표현이었다. 그것들은 신과 유사한 형상으로 만들어진, 혼이 불어넣어진 식물 같았다. 그가 그린 포옹에도 이와 같은 친절한 특성이 있었고, 이 특성을 통해 포옹의 다양성을 무한히 표현할 수 있었다. 포옹이 그가 가장 그리기 좋아하는 주제였다. 왜냐하면 그의 붓의 매력이 바로 여기서 가장 아름답게 표현될 수 있었기 때문이다. 그림 속에서 최고의 삶이 주는 무상하고 비밀스러운 순간이 조용한 마법을 통해 놀라게 하였고 영원히 멈춰선 듯 보였다. 방종한 광란에서 멀어지면 멀어질수록, 주제가 더욱 사려 깊어지고 사랑스러워졌고, 눈길이 점점 더 유혹적일수록, 그 눈길을 바라볼 때, 달콤한 불길이 청년들과 여성들을 뚫고 흘러갔다.

그의 예술이 완성되어가는 것처럼, 그 이전에는 어떤 노력과 작업을 통해서도 얻을 수 없었던 것이 예술에서 저절로 이뤄진 것처럼, 그에게는 그의 삶 역시 예술작품이 되었다. 어떻게 그렇게 되는지 사실 그는 알아차리지도 못했다. 그의 내면에서 빛이 생겼다. 그는 삶의 중심에 서 있었기 때문에, 자기 삶의 모든 부분들과 전체의 구조를 명확하고 옳게 개관했다. 그는 이런 통일성을 절대 잃어서는 안 된다고 느꼈다. 그의 삶의 수수께끼는 풀렸다. 그는 바로 그 단어를 발견했다. 어린 시절 무분별해서 사랑을 위해서는 자신이 아주 미숙하다고 생각했었는데, 모든 것들이 아주 태초의 시간부터, 이 사랑 속에서 이 단어를 발견하도록 미리 예정되고 창조된 것 같았다.

두 사람에게는 몇 년이 마치 아름다운 노래처럼 빠르고

아름다운 곡조로 흘러갔다. 그들은 교양 있는 삶을 살았고, 주변 세계도 조화로웠고, 그들의 소박한 행복은 우연의 특별한 선물이라기보다는 희귀한 재능처럼 보였다. 율리우스는 자신의 외적인 행동양식도 바꾸었고, 더 사교적이 되었다. 그리고 소수와 더욱더 내적인 관계를 맺기 위해 다수를 완전히 단념하기는 했지만, 더는 그렇게 엄격하게 구별하지 않았고, 훨씬 다양하게 사귀었고, 익숙한 것을 세련되게 할 줄 알았다. 그는 점점 많은 우수한 사람들을 자신에게로 끌어당겼고, 루친데는 그들 모두를 연결했고 유지했다, 그렇게 해서 자유로운 모임이, 아니 오히려 큰 가족이, 그들의 교양을 통해 점점 새로워지는 그런 가족이 만들어졌다. 우수한 외국인들도 이 모임에 들어왔다. 율리우스는 이들과 거의 말을 하지 않았지만, 루친데는 그들과 대화를 나눌 줄 알았다. 더 정확히 말하면 그녀의 그로테스크한 다방면성과 교양 있는 비천함은 다른 사람들을 동시에 유쾌하게 했고, 그것의 아름다움의 본질이 다양성과 변화인 정신적 음악 속에서 멈춤도 불협화음도 없었다. 사교술에서는 위대하고 진지한 양식 외에도 단지 매력적인 행동방식과 일시적인 기분도 한 자리 차지할 수밖에 없었다.

일반적인 배려가 율리우스의 내면을 충족시키는 것 같았다. 그것은 다수에 대한 유용하거나 동정어린 호의가 아니라, 개개인은 사라지는 반면에 영원히 사는 인류의 아름다움을 바라보는 기쁨, 그래서 자신과 타인의 가장 깊은 내면을 위해 활기차고 열린 감각이었다. 그의 마음은 거의 항상, 가장 유치한 농담이나 가장 성스러운 진지함에도 똑같이 열려 있었다. 그는 이제 자기 친구들 사이의 우정을 사랑하는 것이 아니라, 우정 자체를 사랑했다. 비슷한 생각을 가진 사람들과 대화할 때는, 영혼 속에 있는 모든 아름다운 예감과 의미를 밝히고 전개시키려 애썼다. 그때 그의 정신은 다양한 방향과 관계 속에서 완전하고 풍부해졌다. 그러나 그는 이러한 측면에서도 오직 루친데의 영혼 속에서만 완벽한 조화를 발견했다. 그녀의 영혼 안에서는 모든 장엄한 것과 모든 성스러운 것의 싹이 가장 아름다운 종교로 활짝 피어나기 위해, 오직 그의 정신의 빛만을 기다리고 있었다.

나는 기꺼이 우리 사랑의 봄날 속으로 되돌아 갈 거야. 나는 모든 변화와 변형을 보고, 이것들을 다시 한 번 체험하고, 달아나는 삶의 흐릿한 윤곽 중에 적어도 몇 가지라도 잡아서 영구적인 형태로 형상화하고 싶어. 이 삶이 지나가기 전에 그리고 또한 그렇게 되기에는 너무 늦기 전에, 이제 이 삶은 나의 내면에서 훨씬 더 충만하고 따뜻한 여름이 되었기 때문이야. 우리가 여기 있듯, 우리 사라질 존재들은 이 아름다운 지구의 가장 고귀한 창조물일 뿐이야. 인간들은 이것을 아주 쉽게 잊어버리지. 세상의 영원한 법칙을 매우 비난하며, 중심에 정면으로 놓은 좋아하는 표면을 무조건 다시 한 번 찾으려 하지. 너와 나는 그렇지 않아. 우리는 신들이 의도하는 것과 그들이 자연의 성스러운 글에 그렇게 분명하게 시사해 놓은 것에 감사하며 만족해. 겸손한 심성은 모든 사물의 자연 규칙과 마찬가지로 자신의 운명이 꽃피고 성숙하고 시드는 것을 알아. 하지만 그 심성은 자기 내면에 불멸하는 어떤 것을 알지. 이는 늘 존재하지만 늘 달아나는 영원한 젊음에 대한 영원한 동경이야. 지금도 다정한 비너스는 모든 아름다운 영혼 속에 있는 우아한 아도니스의 죽음을 여전히 탄식하고 있어. 그녀는 달콤한 갈망을 품고 기다리며 찾고 있을까, 그 젊은이를? 은근한 슬픔에 잠겨 그녀는 연인의 매혹적인 눈을, 부드러운 모습을 그리고 천진한 대화와 농담을 회상해. 그리고 나서 자신이 알록달록한 대지에 핀 꽃들 사이에 있는 것을 바라보며 우아하게 얼굴을 붉힌 채 흐르는 눈물방울에 미소 짓지.

나는 말로 설명할 수 없는 것을 적어도 신적인 상징으로 네게 암시하려고 해. 왜냐하면 명료한 현재 속에서 과거를 바라보기 위해서, 그리고 너를 바라보게 하기 위해, 나는 내 자아 안으로 몰입하려 하기 때문이야, 무언가가 완전히 내적이어서 겉으로 표현되지 않고 언제나 남아 있기 때문이야. 인간의 정신은 자기 자신만의 프로메테우스로서, 자신을 사로잡으려고 할 때 변신하며, 거기에 대해 스스로 변명하려들지 않아. 삶의 저 가장 깊은 중심에서 창조적인 자의(恣意)가 마술을 부리지. 시작과 끝이 있는데, 정신적 교양의 직물의 모든 실들은 그곳을 향하려다 길을 잃어. 오직 시간 안에서 점차적으로 밀어 올려지고, 공간 속에서 퍼지는 것만이, 일어나는 것만이 역사의 대상이야. 순간적인 발생 혹은 변화의 비밀을 사람들은 그저 추측할 뿐이며, 알레고리를 통해 추측하게 만들 뿐이지.

내가 꿈에서 본 네 개의 불멸의 소설들 중에서 가장 내 마음에 들었던 그 환상적인 소년이 마스크를 쓰고 연기를 한 것은 이유 없이 그런 게 아니었어. 그리고 순수한 표현과 사실을 드러내는 것 안에도 알레고리가 몰래 숨어들어가 있으며, 의미심장한 거짓을 가장 아름다운 진실과 섞었지. 그런데 오직 알레고리만이 정신적인 입김으로서 모든 사물 덩어리에 생명을 불어넣으며 떠돌고 있어. 마치 자신의 작업과 눈에 보이지 않게 유희하며 은밀히 미소 짓는 유머처럼.

옛 종교 안에는 문학작품들이 들어있는데, 이것들은 종교 안에서 더할 나위 없이 아름답고 성스럽고 은밀하게 드러나. 문학적 정취가 그 작품들을 아주 우아하고 풍부하게 형성하고 개조해서, 그 아름다운 의미는 모호하게 남아있어서, 그 의미는 늘 새로운 해석들과 재창조를 허락해. 사랑하는 마음의 완전한 변화에 대해 예감한 것 중 몇 가지를 네게 암시하기 위해, 나는 이러한 작품들 중에서 몇 가지를 골랐어. 사랑이 조화의 신을 하늘로부터 땅으로 이끌어 목동으로 만든 이후, 조화의 신이 그 작품들을 뮤즈(음악의 여신)들에게 얘기해주었거나, 아니면 그 신이 뮤즈들로부터 이 시들을 들을 수 있다고 생각했어. 내 생각에 조화의 신도 당시 암프리소스강[24] 가에서 목가와 비가를 지었던 것 같아.

---

24 암프리소스(Amphrysos): 그리스 테살리아에 있는 강.

변신

달콤한 휴식 속에서 천진난만한 정신은 단잠을 자고, 사랑하는 여신의 입맞춤은 그에게 가벼운 꿈만을 불러일으킨다. 수줍음의 장미가 그의 볼을 물들인다. 그는 미소 짓고 입술을 열려는 것 같다. 하지만 잠에서 깨지는 않는다. 그는 자신의 내면에서 무슨 일이 일어나고 있는지 모른다. 내면의 메아리를 통해 증폭되고 강화된 바깥세상의 자극이 그의 존재의 구석구석을 관통한 후에, 태양을 보고 기뻐하여 눈을 뜨고, 창백한 달의 흐린 빛 속에서 보았던 마술세계를 기억한다. 그를 깨운 놀라운 목소리가 그에게 남아 있다. 하지만 이제 그 목소리는 대답 대신에 외부 대상들로부터 되울린다. 그리고 그가 멋진 호기심에서 미지의 것을 추구할 때마다, 어린애같이 부끄러워하며 자기 존재의 비밀에서 달아나려고 할 때마다, 그는 도처에서 자신의 그리움의 메아리만 들을 뿐이다.

그렇게 눈은 그저 거울 같은 강 수면에 비친 푸른 하늘과 초록빛 강가, 흔들리는 나무들, 자기 자신 속으로 침잠하는 관찰자의 형상을 본다. 무의식적 사랑으로 가득한 마음이 사랑의 응답을 희망하는 곳에서 자기 자신을 발견한다면, 그 마음은 놀라 어찌할 줄 모를 것이다. 그러나 곧 그 사람은 관찰의 마력에 다시 유혹되고 현혹되어 자신의 그림자를 사랑한다. 그런 다음 우아함의 순간이 오고, 영혼은 자신의 덮개를 다시 만들어내고, 완성의 마지막 숨을 형상을 통해 호흡한다. 정신은 자신의 반투명한 심연 속으로 사라져버리고, 나르시스처럼 자신을 꽃으로서 다시 발견한다.

사랑은 그러한 우아함보다 원대하다. 아름다움의 꽃이 열매 없이 얼마나 빨리 시들어버릴 것인가! 사랑의 응답이 서로에게 창조적으로 보충해주지도 못한 채.

이 순간, 아모르와 프시케의 입맞춤은 삶의 장미이다. 영감을 받은 디오티마는 소크라테스에게 사랑의 절반만을 드러내었을 뿐이다. 사랑은 그저 무한을 향한 조용한 갈망이 아니다. 사랑은 아름다운 현실의 성스러운 향유이다. 사랑은 그저 혼합이거나 사멸에서 불멸로 넘어가는 과정이 아니라, 사랑은 둘의 완전한 합일이다. 순수한 사랑은 존재한다, 즉 쉬지 않고 애쓰는 가장 미약한 방해도 없고, 분할할 수 없는 단순한 감정이 존재한다. 이 사람이나 저 사람 모두 각자는 정확히 자신이 받은 것을 준다. 각각의 것은 신의 아이들의 영원한 입맞춤처럼, 그 자체로 동일하며 완전하고 완성되어 있다.

기쁨의 마법을 거치면서 충돌하는 형상들의 거대한 카오스는 망각의 조화로운 바다로 녹아든다. 행복의 햇살이 동경의 마지막 눈물방울에서 굴절하면, 이리스가 벌써 무지개의 다채롭고 부드러운 빛으로 영원한 하늘의 이마를 채색한다. 사랑스러운 꿈들이 실현되고, 레테[25]의 물결에서, 아나디오 메네[26]처럼 아름다운, 새로운 세상의 순수한 무리들이 아름답게 솟아오르더니, 사라져가는 어둠의 장소에서 그들의 형체를 펼친다. 황금빛 청춘과 순수한 상태에서, 시간과 인간은 신과 같은 자연의 평화 속에서 거닐고, 오로라는 더 아름다워져 영원히 돌아온다.

현자들이 말하듯, 증오가 아니라 사랑이 존재를 갈라놓으며 세상을 형성하고, 사람들은 그 사랑의 빛 속에서만 이것들을 발견하고 바라본다. 각각의 나(Ich)는 오직 각자의 너(Du)의 대답에서 각자의 무한한 합일을 완벽하게 느낄 수 있다. 그런 다음에 지성은 신성의 내적인 싹을 펼치려 하고, 점점 더 목적을 향해 노력하여, 마치 예술가가 유일하게 사랑하는 작품을 만들려고 하듯, 영혼을 형성하려한다. 형성(Bildung)의 신비 안에서 정신은 자의(恣意)와 삶의 유희와 법칙

---

25 레테(Lethe): 그리스 신화 속의 망각의 여신이자 강. 죽은 사람은 저승으로 가면서 레테의 강물을 마시게 되는데, 그럼으로써 과거의 모든 기억을 지우고 전생의 번뇌를 잊게 된다.

26 아나디오메네(Anadyomene): 아프로디테의 별칭으로 '바다에서 올라온 것'이라는 뜻.

을 바라본다. 피그말리온의 작품은 움직이고, 자신의 불멸성을 인식한 놀란 예술가를 즐거운 전율이 사로잡는다. 그리고 마치 독수리가 가뉘메트[27]를 낚아채듯, 신성한 희망이 그를 막강한 날개에 태워 올림포스 산으로 데리고 간다.

---

27 가뉘메트(Gánymed): 가니메데스(혹은 가뉘메데스)의 독일식 이름. 트로이의 왕 트로스와 그의 아내 칼리로에의 아들로 일로스, 아사라코스와는 형제지간이었다. 인간 중에서 가장 아름다운 자로서, 제우스가 그에게 연정을 품고 독수리의 모습을 하고 납치해서 천상으로 데려가서 신들의 술을 따르는 시종으로 삼았다.

두 통의 편지

I.

그게 정말 사실이야? 내가 그렇게 자주 남몰래 원하고, 감히 표현하지 못한 것이? 나는 성스러운 기쁨의 빛이 너의 얼굴에서 미소 짓는 것을 보고 있어. 너는 겸손하게 내게 아름다운 예고(豫告)를 주지.

너는 어머니가 될 거야!

그리움이여 안녕, 그리고 너 부드러운 비탄도 안녕, 세상은 다시 아름다워졌고, 이제 나는 대지를 사랑해. 새로운 봄의 여명이 불멸의 내 존재 위로 빛나는 장밋빛 머리를 펼치고 있어. 만일 내게 월계수가 있다면, 새로운 진지함과 새로운 활동에 맞게 너를 숭배하기 위하여, 그것을 너의 이마에 엮어주었을 텐데. 이제 너를 위해서도 새로운 삶이 시작하기 때문이지. 그 대신 너는 내게 은매화 화관을 씌워 줘. 내가 지금 자연의 낙원에서 거닐고 있으니 순결의 상징으로 나를 젊게 꾸며줘, 그건 내게 아주 잘 어울려. 이전에 우리 사이에 있었던 것은 사랑과 열정뿐이야. 이제 자연은 더욱더 밀접하고, 완전하게 절대 풀 수 없도록 우리를 연결했어. 자연만이 기쁨의 진정한 여사제야. 오직 자연만이 결혼의 매듭을 연결할 줄 알아. 자연은 축복 없는 공허한 말이 아니라, 충만한 힘에서 나오는 신선한 꽃과 살아있는 과일들을 통해서 연결해. 새로운 형상의 끝없는 변화 속에서, 창조적인 시간은 영원의 화관을 엮고, 결실과 건강의 기쁨이 건드린 인간은 축복받은 인간이야. 우리는 자연의 존재들 중 열매를 맺지 못하는 꽃이 아니야. 신들은 생산력이 있는 모든 사물의 위대한 쇠사슬에서 우리를 제외시키려 하지 않고, 우리에게 명확한 징표를 줘. 그래서 우리는 우리로 하여금 이 아름다운 세상 속에서 자리를 얻게 하고, 정신과 자의(恣意)가 만들어내는 불멸의 과일을 지니게 하며, 인류의 윤무(輪舞)에 발을 들여놓게 해. 나는 세상에 정착할 거야. 미래와 현재를 위해 씨를 뿌리고 수확할 거야, 낮이 지속되는 동안 온힘을 사용할 거야. 그런 뒤 저녁이 되면 내게 영원한 신부가 될 어머니의 품에서 원기를 회복할 거야. 우리의 아들, 어리고 진지한 장난꾸러기가 우리 주변에서 놀 것이고, 그 애는 너를 곤란하게 할 많은 장난거리를 나랑 꾸미겠지.

෨ ෨ ෨

네가 옳아, 우리는 무조건 그 작은 땅을 사야만 해. 내 결정을 기다리지 않고 곧바로 네가 준비해서 좋아. 네 맘대로

다 준비해. 내가 부탁을 해도 된다면, 단지 너무 멋지게만 하지 말아줘. 또 너무 기능적으로, 무엇보다 너무 정교하게는 하지 말아줘.

모든 것을 완전히 네 취향대로 하고, 네가 익숙한 것과 적당한 것에 설득당하지만 않는다면, 그건 이미 제대로 된 거야. 당연히 그래야만 하듯이, 그리고 내가 원한 대로. 그러면 나는 아름다운 재산에 엄청나게 기뻐할 거야. 게다가 필요한 것을 아무 생각도 없이 그리고 소유하고 있다는 느낌도 없이 소유했어. 나는 경솔하게 대지에 정착하지 못하고, 대지를 떠나 살았지. 이제 결혼의 성역이 내게 자연 상태에서의 시민권을 주었어. 나는 더는 보편적 열광이라는 텅 빈 공간에서 떠돌지 않아. 이제는 부드러운 속박이 내 마음에 들어. 새로운 방식으로 유용성을 보고 있고, 어떤 영원한 사랑과 영원한 대상의 결혼, 한마디로 진정한 결혼에 이른 것은 정말 유용하다는 것을 알아. 외적인 것들이, 만일 자기 식으로 매우 유용하다면, 내게 존경을 불러일으키지. 그리고 너는 결국 자신만의 화덕의 가치, 그리고 가정적인 것의 가치에 대한 기쁜 칭찬을 나한테 듣게 될 거야.

이제 전원생활을 더 좋아하는 너를 이해해. 네가 선호하는 대상을 나는 사랑하고, 네가 느끼는 대로 나는 느껴. 나는 인간 속에서 부패하고 병든 모든 꼴사나운 무리들을 더 이상

보고 싶지 않아. 만일 내가 일반적으로 그 무리들을 생각해 보면, 마치 쇠사슬에 묶인 거친 동물, 자유롭게 광란할 수도 없는 그런 동물처럼 보여. 인간은 아직 시골에서는 꼴사납게 서로 밀치락달치락 거리지 않고 함께 있을 수 있어. 모든 것이 있어야 할 모습 그대로라면, 아름다운 집들과 사랑스러운 시골집들이 마치 신선한 수풀과 꽃들처럼 초록빛 대지를 장식할 수도 있고, 조물주의 기품 있는 정원을 만들 수도 있어.

물론 우리는 시골에서도 여전히 모든 곳을 지배하는 비열함을 다시 보게 되겠지. 사실 인간 중에는 두 가지 계층만 존재해야 해. 즉 형성 중인 인간과 형성된 인간, 남성과 여성, 그리고 모든 인위적인 교제 대신 이 두 계층의 위대한 결혼, 그리고 모든 개개인의 보편적인 형제애가 존재해야 해. 그런데 우리는 그 대신에 무수히 많은 조야함만을 볼 뿐이지. 그리고 하찮은 예외지만, 그릇된 교육을 받아 잘못된 몇몇 사람을 볼 뿐이지! 하지만 탁 트인 야외에서 아름답고 선한 개별자는 나쁜 대중과 그 대중의 전능한 환영에 별로 압도당하지 않을 수 있어.

우리 사랑의 어떤 시절이 나한테 특히 아름답게 빛나는지 알아? 사실 기억 속에서 모든 것은 아름답고 순수하지만, 나는 처음 만난 날들조차 그리운 황홀함을 느끼며 생각해. 하지만 모든 소중한 것 중에서도 가장 가치 있게 생각하는 시기는 우리가 함께 장원에서 살았던 마지막 날들이야. 시골에서 다시 살아야 할 새로운 이유지!

하나 더. 나를 위해서 포도나무 어린 가지를 너무 많이 잘라내지는 마. 이 말을 하는 이유는, 네가 포도나무 가지들이 너무 거칠고 무성하다고 생각하고, 작은 집의 사방이 아주 말끔하게 보이는 걸 좋아하기 때문이야. 그리고 초록빛 잔디밭도 지금 있는 그대로 둬야 해. 거기서 어린애가 이리저리 돌아다니고 기고 놀고 뒹굴 거야.

나의 슬픈 편지가 너한테 불러일으킨 고통에 대해서 난 완전히 대가를 지불했잖아, 안 그래? 나는 이 모든 황홀한 희망과 장엄한 기쁨에 취해 오랫동안 걱정하며 괴로워할 수가 없어. 이 일 때문에 네가 나보다 더 많이 고통을 느끼지는 않았어. 하지만 네가 나를 사랑한다면, 정말로 사랑한다면, 아무것도 숨기지 않고 정말 내면 깊이 나를 사랑한다면, 그게 무슨 상관이야. 우리가 우리 사랑에 대해 더욱 따듯하고 더욱 심오하게 인식한다면, 입에 올릴 만한 고통이 어디 있겠어? 너도 그렇게 생각하잖아. 내가 지금 말하는 모든 것을 너는 오래전에 알고 있었지. 너의 존재 어느 깊은 곳에 이미 숨어있지 않은 그런 황홀감이나 사랑은 내겐 없단 말이야, 너, 무한하고 행복한 여인아!

가장 성스러운 것을 언젠가 말로 표현할 수 있기 위해서는 오해도 괜찮아. 언제든지 우리 사이에 생길 수 있는 낯설음은 우리 안에 존재하지 않아, 우리 중 누구의 내면에도 존재하지 않아. 그것은 그저 우리 사이에 그리고 표면에만 존재하지. 그리고 나는 이번 기회에 너로부터, 너 안에서부터 낯설음을 완전히 쫓아내버렸으면 좋겠어.

그리고 그런 사소한 반발이, 사랑하고 사랑받는 동안에 서로를 향한 불만족에서 생기는 게 아니라면 그 어디에서 생기겠어? 이런 불만족이 없이 사랑은 없어. 우리는 파괴될 때까지 살고 사랑할거야. 그리고 우리를 비로소 진정한 인간, 완전한 인간으로 만드는 것이 사랑이고, 생명의 본질이라면, 그때는 생명과 인류가 갈등을 회피하지 않듯, 사랑도 그것을 회피해서는 안 돼. 그래서 사랑의 평화 역시 대립하는 힘의 투쟁 후에 일어날 거야.

나는 너같이 사랑할 수 있는 여인을 사랑해서 기뻐. "너같이"는 어떤 최상급보다도 더 강력한 표현이야. 의도한 것은 아니지만 내가 너한테 마음에 상처 주는 말만 하는데, 너는 어떻게 그렇게 내 말을 칭찬만 할 수 있어? 내 마음속 가장 깊은 곳에 있는 말을 네게 하기 위해서는 글을 잘 써야한다고 말하고 싶어. 아 사랑이여! 네가 나한테서 답을 얻지 못하는 질문은 없다는 것만 믿어줘. 네 사랑이 내 사랑보다 더 영원하지는 않아. 하지만 나의 판타지에 대한 너의 아름다운 질투와 그것의 광포한 분노의 글은 아주 근사해. 그건 너의 신뢰가 정말 무한하다는 것을 보여주는 거야. 하지만 네 질투가 오만이 지나쳐 저절로 없어지기를 바라고 있어.

이제 이런 종류의 환상―글로 쓴 환상―은 더 이상 필요 없어. 나는 곧 네 곁에 있게 될 거야. 나는 이전보다 더 신성하고 더 침착해. 나는 마음속에서 너를 항상 바라보고, 네 앞에 서 있을 수 있어. 네게 말을 하지 않아도 너는 모든 것을 느끼며, 절반은 사랑하는 남자를, 절반은 마음속의 아이를 보며 행복하게 달아오르지.

&c &c &c

어떤 기억도 나한테서 너의 신성함을 더럽힐 수 없고, 너는 무염시태(無染始胎) 성모마리아처럼 영원히 순수할 것이고, 네가 마돈나가 되기에는 아이밖에 부족한 게 없다고 내가 네게 썼던 것을 여전히 기억하고 있지?

그런데 이제 너는 아이를 가졌어. 이제 정말 아기가 있는 거야. 나는 곧 아이를 팔에 안기도 하고, 옛날 얘기를 해주기도 하고, 아주 진지하게 가르칠 거고, 젊은이가 세상에서 어떻게 행동해야할지 훌륭한 가르침을 줄 거야.

그런 다음 내 마음은 다시 아이의 어머니에게로 향하겠지. 나는 네게 끝없이 입맞춤을 할 거고, 네 가슴이 얼마나 그리워하며 부풀어 오르는지 볼 거고, 네 마음속이 얼마나 신비롭게 미동치는지 느낄 거야.

෧ ෧ ෧

우리가 다시 함께 있게만 된다면, 우리는 우리의 젊은 날을 완전히 마음에 새겨둘 거고, 나는 현재를 성스럽게 여길 거야. 네 말이 옳아. 한 시간 뒤라는 건 말할 수 없이 길지.

바로 지금 네 곁에 없다는 건 정말 잔인해! 나는 성급하여 바보 같은 짓을 수 없이 저지르고 있어. 거의 아침부터 저녁까지 눈부시게 빛나는 지역을 이리저리 돌아다녀. 그리고 꼭 필요한 일을 해야 한다는 듯 서두르는데, 마침내 내가 가장 원하지 않는 장소에 있어. 나는 격렬한 연설을 하는 것처럼 제스처를 하고 있어. 혼자 있는 것 같은데 갑자기 사람들 틈에 있기도 해. 그때서야 내가 얼마나 생각 없이 멍한 상태에 있는지 깨닫고 나면 웃지 않을 수 없어. 나는 오랫동안 글을 쓸 수도 없어. 그냥 밖으로 나가 조용한 강가의 아름다운 저녁을 꿈꾸며 시간을 보내려고만 하거든.

특히 오늘 나는 이 편지를 보내야할 때라는 걸 잊었어. 그 대가로 넌 지금 더 큰 혼란과 기쁨을 얻고 있을 거야.

사람들은 정말 나를 잘 대해주고 있어. 내가 그렇게 자주 대화에 참여하지 않고, 갑자기 대화를 좀 유별난 방식으로 끊어도 그들은 용서할 뿐만 아니라, 심지어 내 기쁨을 조용히 진심으로 기뻐해주는 것 같았어. 특히 율리아네가 그랬어. 내가 그녀한테 너에 대해 아주 조금만 얘기했는데도, 그녀는 이해를 잘해서 말하지 않은 나머지까지 알아맞혔어. 사랑에 대해 이런 순수하고 사심 없는 기쁨을 보이는 것보다 더 호감을 주는 것은 없어!

여기에 있는 친구들이 썩 훌륭하지는 않더라도, 내가 그들을 사랑하게 될 거라는 걸 당연히 믿어. 나는 내 존재가 크게 변했다고 생각해. 영혼과 정신의 모든 능력에서 하나의 전반적인 부드러움과 달콤한 온기가 생겼어. 그건 가장 강도 높은 현존의 순간을 따르는 감각들의 아름다운 피로와 같은 느낌이지.

그런데 그건 유약함은 전혀 아니야. 오히려 나는 이제부터 내 소명이라고 할 모든 일을 보다 더 큰 사랑과 신선한 힘으로 실행할 거라는 걸 알아. 나는 남자들 사이에서 남성으로서 영향력을 발휘하고, 영웅적인 삶을 시작하여 완성하며, 친구들과 형제애를 맺어 영원을 위하여 행동할 확신과 용기를 더는 느끼지 못했어.

그게 나의 덕이야. 그래서 신들과 유사하게 되어가는 게 나한테 어울려. 너의 덕은, 본성처럼, 기쁨의 여사제가 되어 사랑의 신비를 조용히 알리고, 훌륭한 아들딸들에 둘러싸여, 이 멋진 삶을 성스러운 축제에 바치는 거야.

❧ ❧ ❧

나는 자주 네 건강이 걱정돼. 너는 정말 옷을 너무 얇게 입고 저녁 공기를 사랑하지! 그건 위험한 습관이야, 너뿐만 아니라 다른 많은 사람들도 그런 습관을 그만 둬야해.

너를 위해 사물들의 새로운 질서가 시작된다고 생각해 봐. 나는 지금까지 너의 경솔함을 멋지다고 했어. 왜냐하면 그게 그 당시에는 맞고 모두와 어울렸기 때문이지. 네가 행복을 놀려대고, 모든 관심을 끊어버리고, 네 삶이나 네 주변의 전체적인 균형을 파괴할 때마다, 나는 그것을 여성답다고 생각했어.

하지만 이제는 네가 늘 주의를 집중하여, 모든 것을 관련시켜야 할 무엇인가가 존재해. 이제 너는 차츰 집안 살림—물론 알레고리적 의미에서—을 위해 너 자신을 계발해야만 할 거야.

❧ ❧ ❧

이 편지에는 모든 게 정말 혼잡하고 뒤죽박죽이야, 마치 인간 삶 속에 기도와 식사, 장난기와 황홀함이 섞여있는 것처럼. 이제 잘 자. — 아, 왜 나는 꿈속에서만이라도 네 곁에 있을 수 없는 걸까, 정말로 너와 함께 그리고 너 안에서 꿈을 꿀 수 있으면! 하지만 그냥 네 꿈을 꾼다고 해도, 그건 여전히 혼자 있는 거잖아. — 알고 싶지 않아? 네가 그렇게 많이 내 생각을 하는데도 왜 내 꿈을 꾸지 않는지? 내 사랑! 너도 자주 오랫동안 나에 대해 입을 다문 건 아니지?

❧ ❧ ❧

아말리에의 편지가 큰 기쁨을 주었어. 물론 아첨하는 어투를 읽고, 그녀가 아첨해도 되는 남자들에서 나를 제외하지 않았다는 걸 알았어. 나는 그걸 전혀 요구하지도 않았어. 그녀가 나의 가치를 우리식으로 인정해야한다고 요구하는 건 부당한 일일 거야. 한 여인이 나를 완전히 아는 것으로 충분해! - 그녀는 자신의 방식대로 이 남자의 진가를 아주 잘 알고 있지! - 아말리에는 흠모가 뭔지 알까? 그럴 리가 없다고 생각해 그녀가 흠모가 뭔지 모른다면 유감이야. 너도 몰라?

오늘 프랑스 책에서 두 연인에 대한 표현을 발견했어. "그들은 서로에게 우주였다."

거기에 과장법처럼 그렇게 생각 없이 적혀 있는 어떤 것이 우리 마음속에서는 글자 그대로 현실이 되었다는 게 얼마나 내 마음에 들었던지! 감동적이었고 미소를 짓게 했어!

사실 이런 종류의 프랑스식 열정은 글자 그대로 사실이기도 해. 다른 모든 것에 대한 감각은 잃어버리기 때문에, 그들은 서로에게 우주였던 거지.

우리는 그렇지는 않아. 전에 사랑했던 모든 것을 우리는 이제 더 따뜻하게 사랑하고 있어. 이제 세상을 향한 감각이 우리한테서 정말 활짝 피어났잖아. 너는 나를 통해서 인간정신의 불멸성을 알았고, 나는 너를 통해서 결혼과 삶 그리고 모든 사물의 훌륭함을 이해했어.

모든 것에 영혼이 있고, 나한테 말을 걸고, 모든 게 신성해. 사람들이 우리처럼 그렇게 사랑한다면, 인간의 본성도 그 원래의 성스러움으로 다시 돌아갈 거야. 연인들의 고독한 포옹 속에서 쾌락은 근본적으로 본질인 것 이상으로 한 번 더, 자연의 가장 성스러운 기적이 될 거야. 그리고 어떤 사람에게는 정말로 부끄러운 어떤 것이 우리에게는 본래 그 자체인 것, 가장 고귀한 생명력의 순수한 불꽃이 될 거야.

우리 아이는 분명 세 가지를 갖게 될 거야, 엄청난 경솔함과 진지한 얼굴, 예술에 대한 어떤 재능을 말이야. 다른 모든 것들은 조용히 체념한 채 기다리고 있어. 아들 아니면 딸, 어느 쪽이었으면 좋겠다는 확실한 바람은 없어. 하지만 교육에 대해서는 벌써 말할 수 없이 많이 생각했어. 다시 말해, 우리가 아이들을 어떻게 모든 종류의 교육으로부터 신중하게 지킬까를 생각했어. 어쩌면 세 명의 이성적인 아버지가 자기 아이들을 요람에서부터 곧바로 순수한 도덕의 끈으로 죄려고 생각하고 걱정하는 것보다 더 많이 생각했지.

나는 네 마음에 들 몇 가지 계획을 세웠어. 그러면서 너도 많이 생각했지. 너는 예술을 소홀히 하지만 않으면 돼! 만일 아이가 딸이라면 그 애를 위해 초상화나 풍경화를 택하는 게 어때?

❧ ❧ ❧

외적인 것들에만 관심을 보이다니 너는 바보야! 너는 무엇이 나를 에워싸고 있는지, 내가 어디서, 언제, 어떻게 모든 것을 하는지, 내가 어떻게 살고 어떤 상태인지 알고 싶지? 네 주변을 돌아 봐. 네 옆에 있는 의자 위에, 네 품 안에, 네 마음 속에, 나는 그곳에 살고, 존재해. 욕망의 빛이 네게 비치지 않니? 달콤한 온기가 네 심장까지, 키스가 퍼부어지기를 바라는 네 입술까지 살금살금 다가가고 있지 않니?

너는 언제나 진정으로 내게 편지를 쓰지만, 나는 가끔 그렇게 쓰면서 칭찬하고 있어, 어의(語義)를 현학적으로 따지는 여인이여! 내가 네 곁에서 함께 가며, 너를 보고 듣고 말한다고 네가 쓴 것처럼, 나도 늘 그렇게 너를 제일 먼저 생각해. 하지만 그렇지 않을 때도 있어, 특히 밤에 잠에서 깨었을 때는.

❧ ❧ ❧

너는 어떻게 네 편지의 진가와 신성함을 의심할 수 있어! 마지막 편지는 총명한 눈으로 쳐다보며 빛을 내고 있어. 그건 글이 아니라 노래야.

내 생각에, 내가 몇 달 더 네게서 떨어져 지낸다면, 네 문체는 완전해질 것 같아. 하지만 지금은 문체와 글쓰기의 문제는 내버려두고, 가장 아름답고 가장 고귀한 공부를 더 이상 중단하지 않는 게 나는 더 쓸모 있다고 생각해. 나는 대략 8일 뒤에 여행하기로 결정했어.

II.

인간이 자신을 두려워하지 않는 건 참 이상해. 아이들이 그렇게 호기심에 차서, 하지만 또 그렇게 불안해하면서 모르는 사람들의 모임을 들여다보는 것은 당연해. 영원한 시간의 개별 원자는 기쁨의 세계를 담고 있지만, 고통과 공포의 끝없는 심연을 향해 열리기도 하지. 어떤 남자가 마술사 덕분에 짧은 순간에 몇 년을 살아보는 동화가 있는데, 이제는 이 동화를 이해해. 왜냐하면 상상력이 불러일으킨 엄청난 힘을 경험했기 때문이야.

네 여동생한테서 마지막 편지를 받은 이후—이제 3일이 됐네—나는 인간의 평생의 고통을 느꼈어, 이글거리는 젊음의 태양빛에서부터 머리가 희끗해진 노년의 창백한 달빛까지.

너의 병에 대해 그녀가 써 보낸 자세한 상황에 더해, 내가 전에 의사에게 들었고, 내가 직접 관찰했던 것을 함께 보니, 그 병은 너희가 알고 있는 것보다 훨씬 더 위험해, 사실 위험한 정도가 아니라 희망이 없다는 게 옳다는 것을 확인시켜주었어. 이런 생각에 잠겨, 멀리 떨어진 곳에 있어서 네게로 달려갈 수 없는 이 불가능함에 온 힘이 빠지고, 정말 절망적인 상태가 되었어. 이제야 나는 내 상황이 어땠는지 잘 알아, 네가 건강을 회복했다는 좋은 소식 덕분에 내가 다시 태어났기 때문이지. 이제 네가 완전하다고 할 만큼 건강하기 때문이야. 며칠 전에 우리 둘 다에게 죽음을 선고 내린 것과 똑같은 확신을 갖고서, 모든 소식을 듣고 난 뒤에 바로 생각한 거야.

나는 그런 일이 현재에도 앞으로도 일어날 거라고 전혀 생각하지 않았어. 모든 게 다 지나가버렸어. 이미 오래 전에 너는 서늘한 대지의 품에 덮여있었고, 꽃들이 사랑스러운 무덤 위에서 점차 자라났고, 내 눈물은 이미 전보다는 덜 흘렀지. 나는 아무 말 없이 홀로 서서, 사랑했던 얼굴과 풍부한 표정을 띤 달콤한 눈빛만을 보았어. 이 이미지는 내 앞에 꼼짝 않고 머물러 있었고, 그저 마지막 잠을 자면서 마지막 미소를 짓는 창백한 얼굴이 이따금 이 자리에 조용히 들어서거나, 아니면 갑자기 여러 기억이 뒤엉켜버렸어. 윤곽들이 말도 못하게 빨리 변하고, 새롭게 모습을 바꾸더니, 나의 상상력이 활짝 펼쳐지자 모든 것이 사라졌어. 오직 너의 성스러운 눈만이 텅 빈 공간에 남아서 움직이지 않고 그곳에 있었어, 마치 다정한 별들이 우리의 비참함 위에서 영원히 빛나듯 말이야. 나는 꼼짝하지 않고 슬픔의 밤에 익숙한 미소로 나에게 손짓하는 검은빛들을 쳐다보았어. 참을 수 없이 눈부신 검은 태양에서 나오는 찌르는 듯한 고통이 나를 태웠고, 마치 나를 유혹이라도 하려는 듯 멋진 광채가 흘러나와 둥

실둥실 떠돌아다녔어. 꼭 신선한 아침 공기가 나를 향해 불어오는 것 같았어. 나는 머리를 높이 들었어, 내 내면에서 큰 소리가 났어. "너는 왜 자신을 괴롭히는 거야, 얼마 있으면 그녀 곁에 있을 수 있는데."

나는 벌써 네 뒤를 따르려고 서둘렀는데, 갑자기 새로운 생각이 나서 멈췄어. 그리고 나는 내 정신에게 말했지. "무가치한 인간아, 너는 이런 일상적인 삶의 사소한 불협화음도 견디지 못하면서, 네가 더 고귀한 인물이 될 만큼 성숙하고 가치 있다고 생각하는 거냐? 가서, 고통 받고, 소명 받은 것을 행하라, 그리고 너의 임무가 완성되면 다시 오라." 세상의 모든 것이 중용을 추구하고, 그렇게 질서정연하고 그렇게 무의미하고 하찮다는 사실이 너도 이상하게 생각되지 않아? 나는 늘 그럴 거라 생각해. 그래서 추측하건데—내가 헷갈린 게 아니라면, 언젠가 한 번 너한테 말한 것 같은데—우리의 다음 번 존재는 더욱 위대하며, 좋건 나쁘건 더욱 힘차고, 더욱 거칠며, 더욱 대담하고, 더욱 대단해질 거라고 생각해.

살아야 하는 의무가 이겼어. 그래서 나는 삶과 사람들의 혼잡 속에, 그들과 나의 나약한 투쟁들과 실수투성이의 노력들의 혼잡 속에 다시 있었어. 그때 두려움이 나를 엄습했어, 마치 죽어야만 하는 인간이 광대한 얼음산 한가운데 갑자기 혼자 있는 것 같았지. 모든 게 차갑고 낯설고 내 눈물조차 얼어버렸어.

놀랍고 이상한 세계들이 나의 두려운 꿈에 나타났다가 사라졌어. 나는 아프고 많이 괴로워했지만, 내 병을 사랑했고, 심지어 고통을 환영했지. 지상적인 모든 것을 미워했고, 그것이 벌을 받고 완전히 파괴되는 것을 보고 기뻐했어. 나는 너무나 외롭고 별나다고 느꼈어. 마치 다감한 정신을 가진 사람이 가끔 행복의 품 한가운데 있으면서, 자주 자신의 기쁨에 비애를 느끼고, 삶의 정상에서 인생 무상함의 감정이 엄습하는 것 같았어. 그렇게 은근한 기쁨을 느끼며 나의 고통을 바라보았어. 그 고통은 내게 보편적 삶의 상징이 되었고, 모든 것을 형성하고 존재하게 하는 영원한 불화를 느끼고 보고 있다는 생각이 들었어. 그리고 또 고요한 창조의 멋진 형상들은 무한한 힘에서부터 그리고 끝없는 싸움과 투쟁에서부터 존재의 가장 깊은 곳으로까지 내려가는 이 가공할 만한 세계와 비교하면 죽은 것처럼, 하찮은 것처럼 보였어.

이런 이상한 느낌을 통해 내 질병은 그 자체로 완성되고 형성된 하나의 세계로 변했어. 나는 이 질병의 신비한 삶이 내 주변을 꿈꾸며 돌아다니는 몽상가들의 일반적인 건강보다 훨씬 더 충만하고 깊다고 느꼈어. 그리고 전혀 불쾌하지 않은 병약함과 함께 이런 감정도 내게 남아 있었고, 이 감정은 나를 인류로부터 완전히 떼어놓았어. 너의 존재와 나의 사랑이 너무 신성해서, 거친 속박으로부터 성급히 도망치지 못하게 한 그 생각이 마치 대지로부터 나를 분리해놓은 것 같았지. 모든 것이 그런 상태로 있어도 좋을 듯싶었고, 너의 필연적인 죽음은 선잠 뒤에 부드럽게 깨어남 외에 아무것도 아닌 듯했어.

고요한 순수함과 보편성으로 점점 더 변해가는 너의 모습을 볼 때, 나도 깨어나는 것 같았어. 진지하고 사랑에 매혹된 채, 완전한 너이지만 더 이상 네가 아닌 신적인 형상이 사방으로 놀라운 빛을 비췄어. 때로는 눈에 보이는 전능의 두려운 빛을, 때로는 황금의 유년기의 다정하고 약한 광채를 말이야. 나의 정신은 은근히 도취된 채, 서늘하고 순수한 불의 원천에서 길고 고요하게 들이마셨고, 이 성스러운 도취 속에서 나는 독특한 방식의 정신적인 가치를 느꼈어. 왜냐하면 사실 내게는 모든 세속적인 생각이 정말 낯설고, 내가 죽음에 헌신한다는 느낌이 절대로 나를 떠나지 않았기 때문이야.

시간이 천천히 흘렀어, 하나의 사건이 다른 사건 뒤에 힘겹게 이어졌고, 하나의 작업이 그리고 또 다시 다른 작업이 그 목적에 도달했어. 내가 모든 행동과 작업을 그것들 본연의 의미로 생각했던 것처럼, 그것은 나의 목적이라고 할 수는 없었어. 나에게는 그저 성스러운 상징들이었고, 모든 것은 어느 사랑하는 여인과의 관계일 뿐이었어. 그 여인은 산산이 흩어진 자아와 분리할 수 없는 영원한 인류 사이를 중재하는 중재자였지. 나의 온 존재는 외로운 사랑의 끊임없는 기도였어.

결국 나는 그게 최후라는 걸 알아차렸어. 이마는 더는 매끈하지 않았고, 곱슬머리는 희게 세었지. 나의 삶의 길은 끝났지만 완성되지는 않았어. 인생의 최고의 힘은 사라졌고, 예술과 덕은 여전히 영원히 도달할 수 없는 상태로 내 앞에 서 있었지. 내가 네 안에 있는 예술과 힘 두 가지를 숭배하지 않았더라면, 성스러운 마돈나여! 그리고 내 자신 안에 있는 너와 너의 부드러운 신성을 보고 신처럼 숭배하지 않았더라면, 나는 절망했을 거야.

그때 너는 내게 나타나 죽음의 손짓을 했지. 이미 너 그리고 자유를 향한 간절한 욕구가 나를 사로잡았어. 네가 회복될 거라는 약속과 확신을 통해 내가 다시 삶으로 불려 들여지자 나는 사랑하는 옛 조국을 그리워했고, 곧바로 여행의 먼지를 털어내고 돌아가고 싶었어.

이제 나는 나의 백일몽을 인식했고, 모든 중요한 관계들과 유사성에 놀랐으며, 이 내적인 진실의 보이지 않는 심연 근처에서 두려움에 떨며 서 있었어.

이것을 통해 나한테 무엇이 가장 명료해졌는지 알아? 우선 나는 너를 숭배했고 내가 그렇게 한 것은 잘한 일이야. 우리 두 사람은 하나야. 인간은 자신을 전체의 중심이며 세계의 정신으로서 관찰하고 시를 지을 때, 오직 그것을 통해서 하나가 되고, 완전히 자기 자신이 되는 거야. 하지만 왜 시를 지을까, 우리는 우리 자신 안에서 모든 것의 씨앗을 발견하지만, 우리는 영원히 우리 자신의 한 부분으로만 남아 있기 때문이 아닐까?

그리고 이제 나는 죽음 또한 아름답고 달콤하게 느껴질 수 있다는 것을 알아. 자유롭고 모든 힘들이 만개한 가운데 고요한 사랑을 품은 창조물은, 자신의 소멸과 자유를 얼마나 갈망하는지, 그리고 희망찬 아침 해를 바라보듯 되돌아감의 생각을 얼마나 기쁘게 바라보는지 나는 깨닫고 있어.

성찰

내가 자주 놀란 것은, 이해력 깊고 품위 있는 사람들이 영원히 순환하는, 별 것 아닌 놀이를 어떻게 지치지 않는 근면함으로, 엄청 진지한 태도로 늘 새롭게 반복할 수 있냐는 거야. 그것은 모든 놀이 중에서 가장 오래 된 것이라고 해도, 명백하게 유용함을 주지도 않고, 어떤 목적에 가까운 것도 아니거든.

그래서 이렇게 내 정신은 물었지, 언제나 너무나 생각을 많이 하고, 너무나 많이 간계를 부려서, 단순히 재치 있게 말하는 대신 재치 있게 행동하는 자연은, 교양 있는 연설가가 익명성을 통해 말하는 저 소박한 암시들로 대체 무슨 생각을 하고 있는가 하고.

이 익명성 자체는 이중의 의미를 갖고 있어. 사람들이 부끄러워하면 할수록, 현대적이면 현대적일수록, 익명성을 파렴치함으로 해석하는 게 더욱더 유행이야. 반대로 옛날 신들한테 모든 삶은 어떤 고전적 품위를 갖고 있고, 심지어 생명을 잉태하는 뻔뻔스러운 영웅적 기술도 있어. 그런 작업 결과물의 수량과 그 안에 포함된 독창력의 정도가 신화의 나라에서 품격과 기품을 결정하지.

이런 수량과 독창력은 훌륭해, 하지만 이것들이 최상은 아니야. 열망하던 이상은 대체 어디에 숨어 단잠을 자고 있을까? 아니면 애쓰는 마음은 모든 조형 예술의 최상품 속에서 다른 매너리즘들만 영원히 발견할 뿐, 완성된 스타일은 절대 발견하지 못하는 것일까?

사유에는 이런 특징이 있기 때문에, 사유는 자기 자신 다음으로 끝없이 생각할 대상에 대해 가장 많이 생각하기를 가장 좋아하는 버릇이 있어. 그래서 교양 있고 사색하는 사람의 삶은 자신의 천명(天命)의 멋진 수수께끼에 대한 끝없는 교양과 명상이라 할 수 있어. 그 사람은 천명을 늘 항상 새롭게 규정하지. 왜냐하면 규정되고 규정하는 게 그의 온전한 천명이기 때문이야. 인간의 정신은 인간의 정신이 찾고자 하는 비밀을 추구 그 자체 안에서만 발견해.

그런데 규정하는 것(das Bestimmende) 혹은 규정된 것(das Bestimmte)이란 대체 무엇일까? 그건 남성한테 이름이 없는 것(das Namenlose)을 의미해. 그렇다면 여성한테 이름이 없는 것이란 무엇일까? — 그것은 무규정자(das Unbestimmte)야.[28]

---

28 《프리드리히 슐레겔의 초월철학 강의》의 역자는 'das Bestimmte'는 '규정자'로, 'das Unbestimmte'는 '무규정자'로 번역했다(67쪽 참조). 본 역서에서는 이를 따르되, 문맥에 따라 현재분사의 명사형 'das Bestimmende'는 '규

무규정자는 더 신비하지만, 규정자(das Bestimmte)는 더 많은 마력을 갖고 있지. 무규정자의 매혹적인 혼란은 보다 낭만적이지만, 규정자의 숭고한 교양은 더욱 창조적이야. 무규정자의 아름다움은 꽃의 생명처럼 그리고 죽을 운명을 가진 감정들의 영원한 젊음처럼 허망해. 규정자의 에너지는 진짜 뇌우처럼, 진짜 열광처럼 일시적이지.

무한한 가치를 지닌 그 두 가지를 누가 측정하고 비교할 수 있겠어? 만일 그 둘이 실제적인 정의(定義), 즉 모든 빈틈을 메우고 개개의 남성과 여성 그리고 영원한 인류 사이에서 중재자가 되도록 운명 지어진 그런 정의(定義)에 의해서 연결되어 있다면 말이야.

규정자과 무규정자 그리고 그것들의 규정되고 규정되지 않은 관계 속의 완전한 충만감, 그것은 하나이자 전체야. 그것은 가장 놀라운 것이지만 가장 단순한 것이기도 하지. 가장 단순한 것은 가장 고귀한 것이기도 해. 우주 자체는 규정된 것과 규정되지 않은 것의 유희에 불과해. 그리고 규정할 수 있는 것의 진정한 규정은 도도하게 영원히 흘러가는 창조의 날실과 씨실에 대한 알레고리적 세밀화일 뿐이야.

정하는 것'으로 과거분사의 명사형 'das Bestimmte'는 '규정된 것'으로, 형용사 'bestimmte'는 '규정된'으로, 'unbestimmte' '규정되지 않은'으로도 번역한다.

영원히 변하지 않는 대칭을 이루며, 규정자과 무규정자 그 둘은 상반된 길 위에서 무한에 다가가려고 또 무한에서부터 달아나려고 애쓰지. 무규정자는 조용하지만 확고한 걸음으로 무한의 아름다운 중심에서 나온 그의 타고난 소망을 무제한으로 확장시켜. 이와는 반대로 완벽한 규정자는 무한한 욕망의 축복받은 꿈에서 대담한 도약을 통해 유한한 행동의 장벽 안으로 자신을 던지고는, 스스로를 정련하면서 항상 고매한 자기 절제와 아름다운 자기 충족을 강화시키지.

그리고 이 대칭 안에서도 믿을 수 없는 유머가 나타나. 이 유머와 함께 자연은 일관성 있게 자신의 가장 보편적이고 가장 단순한 반명제를 실행해. 가장 장식적이고 가장 인위적인 조직체에서조차 거대한 전체의 이런 익살스러운 독설이 심술궂은 의미와 함께 나타나지. 마치 미니어처 초상화처럼 말이야. 그리고 모든 인격에게, 오직 익살스러운 독설과 그 유희의 진지함을 통해서만 생성되고 존재하는 모든 개별성에게 잘 다듬어진 최후의 모양새와 완성을 부여하지.

이런 개별성과 저런 알레고리를 통해 절대를 향한 노력에서 나온 재기 넘치는 관능의 다채로운 이상은 꽃을 피워.

이제 모든 것이 분명해졌어! 따라서 형용하기 어렵고 규정되지 않은 신성의 편재도 분명해졌어. 자연 자체는 영원한 순환을 늘 새롭게 시도하려고 해. 또 자연은 모든 개별적인 것이 자신 안에서 유일하게 완성되고 새롭게 되기를 바라지, 이게 최고의, 나뉠 수 없는 개별성의 참된 이미지야.

성찰은 이러한 개별성 속으로 침잠하면서, 그렇게 개별적인 방향을 취하더니, 곧 중단하고 스스로를 잊기 시작하는 거야.

❧ ❧ ❧

"감각의 경계가 아니라 바로 감각의 한가운데에서 이해할 수 없는 지성과 유희하는 게 아니라, 오히려 무의미하게 충돌하고자 하는 이런 암시가 내게 무슨 의미가 있을까?"

너나 율리아네도 분명 이렇게 말하지는 않겠지만, 분명 물어는 보겠지.

사랑하는 이여! 더할 나위 없는 꽃다발이 오직 점잔 빼는 장미들, 조용한 물망초와 겸손한 제비꽃만 보여주어야 할까? 또는 소녀답고 천진하게 피는 꽃만을? 그게 아니라 다채로운 영광 속에서 특별히 빛나는 다른 모든 꽃들을 보여주면 안 될까?

다양성이 풍부한 남성의 서투름에는 모든 종류의 꽃과 과일이 들어있어. 내가 이름을 지어주지 않은 놀라운 식물에게도 그 자리를 기꺼이 베풀어야해. 그 식물은 적어도 밝게 불타고 있는 석류석과 연한 오렌지를 돋보이게 하는 것으로 사용되지. 아니면 이런 다채로운 충만함 대신에, 다른 꽃들의 모든 아름다움을 동시에 갖고 있으며 그들의 존재를 쓸데없이 만드는 그런 완전한 꽃 한 송이만 존재해야만 하는 걸까?

내가 이제 곧 또 다시 하고 싶어 하는 어떤 것에 대해서는 사과하지 않을 거고, 서투른 예술작품에 대한 너의 객관적인 감각을 완벽하게 확신해. 그리고 서투름은 종종, 기꺼이 남성의 영감에서부터 창작물의 소재를 빌려오지.

이것은 우정에 대한 섬세한 푸리오소[29] 하나와 현명한 아다지오[30] 하나로 구성되어 있어. 너는 그것에서부터 여러 가지를 배울 수 있을 거야. 너희 여성들이 사랑하는 것을 알듯이, 남성들은 비상할 정도로 우아하게 미워하는 법을 알고 있다는 것, 그런 다음 그들은 논쟁이 끝나면 논쟁을 구별로 바꾼다는 것, 그리고 네 마음대로 그것에 대해 많은 논평을 해도 좋다는 것을 말이야.

---

29 furioso: 푸리오소의 악구. 열렬하게 연주하라는 말.

30 adagio: 아다지오 템포의 악장. 느리게 연주하라는 말.

율리우스가 안토니오에게

I.

최근에 너는 아주 많이 변했어! 조심해, 친구야, 네가 인식하기 전에 위대함에 대한 감각이 너한테서 사라졌어. 그 결과는 무엇을 의미하는 걸까? 넌 드디어 아주 많은 부드러움과 섬세함을 지니기 시작해서, 마음과 감정은 사라져가고 있어. 이제 남성성과 실행력은 어디에 있을까? 우리가 함께 살지 않고, 각자 근처에서 살아가기 시작한 이후, 네가 나한테 했던 그대로 네게 그렇게 해줄 생각이야. 나는 네게 거리를 두어야만 할 거야. 그리고 네가 평소에는 아름다운 모든 것에 감각을 갖고 있지만, 우정에 대한 감각은 갖고 있지 않다고 말해야 할 거야. 하지만 나는 친구와 그의 행동과 방임을 절대 도덕적으로 비판하지는 않을 거야. 그것을 할 수 있는 사람은 친구를 갖는다는 고귀하고 드문 행운을 얻지는 못해.

　네가 너 자신을 먼저 학대하는 행동은 일을 더욱 나쁘게 만들 뿐이야. 진지하게 나한테 한 번 말해봐, 너는 사람의 속을 후벼 파고, 그의 삶의 건강한 골수를 빼먹는 감정의 날카로운 냉정함 속에서, 정신의 훈련 속에서 덕을 찾는 거야?

나는 이미 오랫동안 순응해서 마음이 평온해. 네가 그렇게 많은 것을 알고 있기 때문에, 우리 우정이 끊긴 이유도 알고 있으리라는 사실을 조금도 의심하지 않았어. 그런데 내가 거의 잘못 생각했던 것 같아. 왜냐하면 내가 에두아르트와 아주 가까워지려고 하자 네가 너무 놀랐고, 네가 어떻게 내 마음에 상처를 주는지 아무 생각 없이 묻는 듯이 보였기 때문이야. 그것뿐이라면, 어떤 확실한 한 가지라면, 그것은 고통스러운 질문을 할 가치도 없고, 그것은 저절로 답이 나와서 해결이 될 거야. 하지만 매번 그런 계기마다, 내가 너한테 에두아르트의 모든 것에 대해 곧이곧대로 알려주는 것을 늘 신성 모독으로 생각하다면, 그건 좀 심한 것 아냐? 물론 너는 그에게 아무 짓도 하지 않았고, 또 큰 소리로 말하지도 않았어. 하지만 나는 네가 어떻게 생각하는지 잘 알고 또 잘 지켜보고 있어. 내가 그걸 모른다거나 보지 못한다면, 우리 정신의 눈에 보이지 않는 감정의 교류와 이 감정의 교류의 멋진 마력은 뭐겠어? 너는 여전히 계속 몸을 사리고 단순히 미묘한 뉘앙스만을 통해 오해를 없던 것으로 하려는 생각은 분명 안 할 거야. 그렇지 않으면 나 역시 정말 더는 할 말이 없을 테니까.

너희는 영원히 메워지지 않는 틈 때문에 확실히 갈라선 거야. 너의 본성의 고요하고 맑은 깊이와 그의 부단한 삶의 뜨거운 투쟁은 인간 존재의 상반된 끝에 놓여 있어. 그는 완전히 행동 그 자체야. 너는 민감하고 관망하는 천성을 가졌지. 그래서 너는 모든 것에 대한 감각을 가져야만 했던 거야. 네가 의도적으로 자신을 숨기지 않았던 그때에도 너는 그 감각을 가졌지. 그리고 사실 나는 그게 언짢았어. 네가 그 훌륭한 사람을 오해하기보다는 미워하려고 하다니! 하지만 세상에 남아 있는 약간의 위대함과 아름다움을 그렇게 평범하게 받아들이는 것에 마지못해 익숙해진다면, 결과가 어떻게 될까? 통찰력이 항상 의미에 대한 권리를 포기하지 않은 채로만 그것들을 받아들이듯이 말이야. 그럼 결국 너는 세상에서 흔히 볼 수 있는 사람이 될 거야.

이게 그 뽐내던 관용인가? 물론 너는 평등의 원칙을 살펴보겠지만, 그것은 이쪽 사람이나 저쪽 사람에게나 썩 좋지 않아. 그냥 각자 자기식으로 오해만 받아. 에두아르트가 가장 성스럽게 여기는 것에 대해서 다른 사람이나 너한테도 영원히 입을 다물라고, 나한테도 강요했던 것 아니야? 그것은 말이지, 적절한 시간이 될 때까지 네가 네 판단에 대해 입을 다물 수가 없어서 그랬던 것이잖아. 그리고 너의 지성이 자신만의 한계를 찾기 전에, 사방에서 한계를 꾸며냈기 때문이었어. 네가 가끔 판단하지 않고 그냥 믿었더라면, 네가 때로 내 안에 알 수 없는 무한성이 있다고 전제했더라면, 나의 가치가 실제 얼마나 큰지, 네가 얼마나 제대로 확신하며 떠날 수 있었을지, 이런 것들을 설명을 할 수밖에 없는 상황에 처하도록 너는 나를 몰아 붙였을 거야.

물론 나의 무관심이 제일 큰 잘못이었어. 내가 모든 현재를 너와 함께 나누려고 했으면서도, 과거와 미래에 대해서는 너한테 알려주지 않은 것도 어쩌면 고집이었을 거야. 그게 마음에 걸렸는지도 몰라. 나는 그게 불필요하다고 생각했었어. 사실 네가 엄청난 지성이 있으리라 확신했거든.

오, 안토니오, 내가 영원한 진리를 의심할 수 있었다면, 네가 저 고요한 우정, 존재한다는 것과 함께한다는 것의 순수한 조화에 근거를 두는 저 우정이 뭔가 잘못되고 전도된 것이라고 생각하도록 나를 몰아붙였을까?

내가 완전히 다른 쪽을 편을 드는 게 그렇게 이해할 수 없는 일이야? 나는 달콤한 즐거움을 버리고 삶의 거친 투쟁에 적극 참여하고 있어. 나는 에두아르트에게 급히 가려고 해. 모든 것은 약속된 일이야. 우리는 단순히 같이 살려는 게 아니라 형제 같은 유대관계를 맺으며 하나가 되어 일하고 행동할 거야. 그는 거칠고 신랄하고, 그의 미덕은 다감하기보다는 강렬해. 하지만 그는 남성적인 위대한 마음을 갖고 있고, 감히 말하는데, 더 좋은 시대에 태어났더라면 영웅이 되었을 거야.

II.

우리가 드디어 서로 다시 이야기하게 돼서 좋아. 네가 말하는 데에 훨씬 더 재능을 많이 가졌기 때문에, 절대로 쓰려하지 않는 것, 가련하고 죄 없는 활자를 탓하는 것에도 나는 만족해. 하지만 나는 마음속에 이런 저런 생각을 하고 있어. 말로 할 수는 없고 편지로 알려주려고 해.

그런데 왜 하필 편지로? 오 내 친구, 내가 전달하는 데 좀 더 세련되고 교양 있는 방법이 있었더라면 얼마나 좋겠어, 내가 원하는 것을 부드러운 베일에 싸서 먼 곳에서 조용히 말할 수 있는 그런 방법이 있다면 말이야! 나에게 대화는 너무 시끄럽고 너무 사적이고 또 너무 종잡을 수 없어. 이 흩어진 말들은 늘 한 면만, 맥락의 한 부분, 내가 완벽한 조화 속에서 말하려 하는 전체의 한 부분만 전달해.

그런데 함께 살려는 남자들이 교제하면서 서로에게 아주 다정히 대할 수 있을까? 뭔가 귀에 거슬리는 것을 말하기를 두려워했다는 건 아니야. 그리고 그 때문에 우리 대화에서 특정 인물이나 특정 상황을 피했다는 것도 아니고. 내 생각에, 우리 사이에서 경계를 짓는 것은 영원히 거부되었어!

내가 너한테 말하려 했던 것은 아주 일반적인 거야. 그런데도 이런 우회적인 방식을 택하는 게 좋아. 이게 잘못된 배려심인지 진정한 배려심인지는 잘 모르겠지만, 너와 얼굴을 맞대고 우정에 대해 많은 이야기를 나누는 것은 힘들 것 같아.

그리고 그건 내가 네게 말해야만 하는 주제에 대한 생각이기도 해. 너는 적용—이게 제일 중요해—을 혼자 힘으로 쉽게 할 수 있을 거야.

내 생각에 우정에는 두 가지 종류가 있어.

첫째는 아주 외면적인 거야. 이 우정은 만족하지 못하여 이 행동에서 저 행동으로 급히 서둘러 가고, 단결한 영웅들의 위대한 동맹에 모든 훌륭한 남자를 받아들이며, 오래된 매듭을 온갖 미덕으로 더 단단히 묶어주고, 늘 새로운 형제를 얻으려고 노력해. 이 우정은 많이 가지면 가질수록 더 가지려고 하지.

지난날을 기억해봐, 그러면 우리 안에 혹은 우리 사랑의 몇몇 대상 안에 있을지라도, 모든 악에 대항해 엄청난 싸움을 하는 이 우정을 어디서나 발견하게 될 거야. 그 고귀한 힘이 거대한 군중 속에서 좋은 효과를 나타내어 세계를 형성하거나 지배하는 그곳에서 말이야.

지금은 다른 시대지만, 이 우정의 이상은 내가 나 자신으로 존재하는 한 내 마음속에 있을 거야.

다른 우정은 아주 내면적이야. 이 우정의 가장 독특한 특징은, 사람들이 어디서나 서로서로 보충하도록 미리 규정된 것 같은 놀라운 균형이야. 모든 사고와 감정들은 가장 성스러운 것을 서로 주고받는 격려와 교육을 통해 잘 어우러지게 돼. 그리고 이 순전히 정신적 사랑, 즉 교제의 이 아름다운 신비는 그저 멀고 먼 목적으로서 어쩌면 무상할지도 모르는 노력 앞에서 떠돌고 있는 게 아니야. 아니, 이 우정은 완성된 채로만 발견할 수 있어. 또한 이 우정에서는 다른 모든 영웅적인 것에서처럼 환멸감은 없어. 어떤 남성의 미덕이 옳은지 아닌지는 행동이 가르쳐줘야만 해. 하지만 자신의 내면에서조차 인류와 세계를 느끼고 보는 사람이라도, 보편적인 감각과 정신이 존재하지 않는 곳에서는 그것을 쉽게 찾지 못할 거야.

내적으로 완전히 평온하고, 타인의 신성함을 겸손하게 존경할 줄 아는 사람만 이런 우정을 가질 수 있어.

신들이 인간에게 그런 우정을 선물했다면, 인간은 이 우정을 모든 외적인 것으로부터 조심스레 보호하고, 그 성스러운 본질을 지키는 것 외에는 아무것도 할 수 없어. 왜냐하면 그 여린 꽃은 무상하거든.

그리움과 안식

루친데와 율리우스는 가볍게 옷을 입고 정자의 창가에 서서 서늘한 아침 공기를 마시며 생기를 회복했다. 모든 새들이 경쾌한 노래로 인사하는 떠오르는 태양을 넋을 잃고 바라보았다.

율리우스, 왜 나는 이렇게 쾌활한 안식 속에서 깊은 그리움을 느끼는 거지? 루친데가 물었다. 우리는 오직 그리움 속에서만 안식을 찾아, 율리우스가 대답했다. 그래, 안식이란 바로 그거야. 우리의 정신이 자신의 그리움 외에 그 어떤 더 높은 것을 찾을 수 없어서 스스로를 찾고 그리워하는데, 어느 것으로부터도 방해받지 않는 것 말이야.

루친데가 말했다. 밤의 안식 속에서만 그리움과 사랑은 이 멋진 태양처럼 작열하며 빛을 내. 율리우스가 대답했다. 그리고 낮에는 사랑의 행복이 마치 달이 그저 미약하게 빛나는 것처럼 창백하고 희미하게 빛나지. 루친데가 덧붙였다. 아니면 그 행운은 보통의 어둠 속으로 빛을 보내거나 갑자기 사라지기도 해. 달이 숨어있을 때, 우리 방을 밝히는 번개처럼.

율리우스가 말했다. 오직 밤에만, 탄식과 작은 나이팅게일, 깊은 한숨은 노래하지. 오직 밤에만 꽃은 수줍게 열리고, 정신과 감각을 똑같은 기쁨 속에서 도취시키기 위해서 가장 아름다운 향기를 자유롭게 호흡해. 루친데, 오직 밤에만 깊은 사랑의 불꽃과 대담한 말이 입술에서 신성하게 흘러나와. 낮의 소음 속에서는 민감한 자부심 때문에 그 달콤한 보물을 닫아버리는 그 입술에서 말이야.

　루친데

　나의 율리우스, 나는 당신이 그렇게 성스럽게 기술하는 사람이 아니야. 물론 나는 나이팅게일처럼 울고 싶을지라도, 그리고 마음 깊이 느끼는 건데, 내가 밤한테만 바쳐졌을지라도. 당신은 당신 환상이 만들어 낸 경이의 꽃이야. 혼란이 사라지고 그 어떤 조야한 것도 당신의 고귀한 정신을 분산시키지 않으면, 영원히 당신의 것인 내 안에 반영된 그 꽃을 당신은 알아보는 거야.

　율리우스

　겸손은 내려놓고 아첨하지 마. 생각해 봐, 당신은 밤의 여사제야. 태양 빛 속에서조차 당신의 풍성한 곱슬머리의 어두운 광채가, 진지한 눈의 밝은 검음이, 이마와 모든 고귀한 신체의 위엄이 드러나잖아.

루친데

당신이 칭찬하는 동안 나는 눈을 내리뜨고 있어. 시끄러운 아침이 앞을 가리고, 즐거운 새들의 다채로운 노래가 영혼을 방해하고 놀라게 하기 때문이야. 평소 같으면 내 귀는 어둡고 서늘한 저녁에는 달콤한 친구의 조용하고 달콤한 이야기를 탐욕스럽게 마시고 싶어 했을 텐데.

율리우스

그건 헛된 공상이 아니야. 나의 그리움은 한없이 당신을 향하고 있지만 영원히 도달하지 못해.

루친데

어쨌든 당신은 나의 존재가 평안을 찾는 지점이야.

율리우스

성스러운 평안을 나는 그 그리움 속에서만 찾았어, 친구여.

루친데

그리고 나는 이 아름다운 평안 속에서 그 성스러운 그리움을 찾았고.

율리우스

아, 강렬한 빛이 이 불꽃을 가린 베일을 걷어준다면 얼마
나 좋겠어! 감각의 장난이 뜨거운 영혼을 서늘하게 진정시
키도록 말이야.

루친데

그러면 언젠가 삶의 영원히 차갑고 진지한 한낮이 따뜻
한 밤을 갈가리 잡아 뜯겠지. 젊음이 달아나버리고, 당신이
언젠가 위대한 사랑을 더 위대하게 포기했듯이, 내가 당신을
포기한다면 말이야.

율리우스

내가 당신에게는 그 미지의 여자 친구를, 그리고 그녀에
게는 내 놀라운 행운의 기적을 보여줄 수 있으면 좋겠어.

루친데

당신은 아직도 그녀를 사랑하고 있고, 그녀를 영원히 사
랑할 거야. 당신은 나도 영원히 사랑하겠지. 그게 당신의 놀
라운 마음의 놀라운 기적이지.

율리우스

당신의 마음만큼 놀랍지 않아. 내 가슴에 기대어, 당신이 사랑했던 기도[31]의 머리카락을 갖고 장난치는 당신을 봐, 형제처럼 하나로 엮인 우리 둘의 기품 있는 이마를 영원한 기쁨의 화관으로 꾸미고 있는 당신을 봐.

루친데

어둠 속에서 쉬게 내버려둬. 심장의 고요한 심연에서 성스럽게 피어나는 꽃을 빛 속으로 잡아끌지 마.

율리우스

삶의 파도는 어디서 격정에 이끌린 사람과 놀고 있을까? 감정은 부드럽게, 거친 운명은 격렬하게, 쓰디 쓴 세계로 잡아 끌어들인 그 사람과.

루친데

당신의 순수한 영혼인 푸른 하늘에서, 고귀한 미지의 여인의 순수한 형상이 비할 데 없이 신성하게 빛을 발하고 있어.

---

31 기도(Guido): 남성 이름.

율리우스

오 영원한 그리움이여! 하지만 한낮의 덧없는 눈부심과 결실 없는 그리움은 결국 가라앉아 사라져버릴 것이고, 위대한 사랑의 밤은 스스로 영원하고 고요하다고 느낄 거야.

루친데

내가 지금처럼 있을 수 있다 해도, 여성의 감정은 따스한 가슴 속에서 그렇게 사랑으로 느낄 거야. 오직 당신의 그리움만을 그리워할 것이고, 당신이 평온을 찾은 곳에서 고요할 거야.

판타지의 장난

연약한 신들의 아이인 삶 자체는, 생계를 위해 힘들고 시끄러운 준비를 하느라 쫓겨나더니, 원숭이식으로 사랑하는 걱정의 포옹 속에서 가련하게 질식한다.

의도를 갖는 것, 의도에 따라 행동하는 것, 그리고 새로운 의도를 위해 의도들을 의도들과 기교적으로 엮어 짜는 것. 이런 나쁜 버릇은 신과 유사한 인간의 어리석은 천성에 아주 깊이 뿌리 박혀 있다. 그래서 인간은 아무런 의도 없이 그저 영원히 흐르는 이미지들과 감정들의 내면의 강에서 자유롭게 움직이려고 한다면, 이제 본격적으로 이를 전제로 해서 의도를 만들어야만 한다.

자진해서 입을 다무는 것, 영혼을 판타지에 되돌려 주는 것 그리고 젊은 어머니가 품안의 어린아이와 하는 달콤한 장난을 방해하지 않는 것, 그것이 지성의 정점이다.

하지만 지성은 그의 순수함의 황금시대 이후 아주 이성적이었던 적은 정말 드물다. 비록 영혼이 자신의 타고난 사랑과 단둘이 있다고 잘못 생각할지라도, 지성은 영혼을 혼자만 소유하고자 한다. 그래서 비밀리에 엿듣고, 아이들의 성스러운 놀이 대신에 과거의 목적에 대한 기억이나 미래의 목적에 대한 전망만을 밀어 넣는다. 그렇다. 지성은 텅 비고 냉정한 실망에 색칠을 해줄 줄 알고 덧없는 온기를 줄 줄 알며, 악의 없는 판타지를 모방하는 자신의 예술을 통해 순수한 상상에서 가장 고유한 특성을 약탈해가려 한다.

하지만 젊은 영혼은 늙은 현자의 술책에 우롱당하지 않으며, 자신이 사랑하는 자가 아름다운 세상의 아름다운 형상들과 노는 것을 늘 바라본다. 그 영혼은 아이가 삶의 꽃들에서 딴 화관으로 자신의 이마를 장식하게 내버려 두며, 기꺼이 정신은 깨어있는 잠에 빠진다. 사랑의 음악을 꿈꾸면서 그리고 마치 아득한 옛날의 로만체의 몇몇 소리와 같은 다정한 신의 목소리를 은밀하게 알아들으면서.

익숙한 옛 감정들이 과거와 미래의 심연에서 울려 나온다. 그 감정들은 엿듣고 있는 정신을 그저 조용히 어루만지며, 소리가 멈춘 음악과 사랑의 배경 속으로 재빨리 다시 사라진다. 모든 것은 멋진 혼돈 속에서 사랑하고 살아있으며, 탄식하고 기뻐한다. 이 순간 시끌벅적한 축제에서 즐거워하는 모든 이의 입술이 모두에게 해당되는 노래를 부르기 위해 열린다. 그리고 이 순간 외로운 소녀는 속마음을 털어놓고 싶은 남자 친구 앞에서 입을 다물고, 미소 띤 입으로 키스를 거절한다. 나는 생각에 잠겨 너무 일찍 죽은 아들의 무덤에 꽃을 뿌린다. 그 꽃을 나는 기쁨과 희망에 가득차서 사랑하는 형제의 신부에게 건네 줄 것이다. 그러는 동안 고귀한 여사제가 내게 손짓하며, 진지한 결합을 위해, 영원히 순수한 불길 속에서 영원한 순수와 영원한 감격을 서약하기 위해 내게 손을 내민다. 나는 검을 움켜쥐고, 영웅의 무리들과 함께 전투에 참가하기 위해 급히 제단과 여사제로부터 떠난다. 나는 곧 이 전투를 잊어버린다. 그곳에서 나는 가장 깊은 고독 속에서 그저 하늘과 나 자신만을 주시한다.

그런 꿈들 속에 단잠을 꾸는 어떤 영혼은 비록 깨어나더라도 그 꿈들을 영원히 계속 꾼다. 영혼은 사랑의 꽃들에 에워싸여 있다고 느끼고, 그 느슨한 화관이 흩어지지 않도록 조심하며, 기꺼이 사로잡히도록 몸을 맡기고, 판타지에 자신을 내맡기고, 어머니의 모든 염려를 달콤한 장난으로 보답하는 아이에게 기꺼이 지배당한다.

그런 뒤 꽃다운 청춘의 상쾌한 입김과 어린아이 같은 기쁨의 후광이 모든 존재 위를 스친다. 남자는 사랑하는 여인을, 어머니는 아이를, 모든 이들은 영원한 인간을 숭배한다.

이제 영혼은 나이팅게일의 한탄과 새로 태어난 아기의 미소를 이해한다. 그리고 꽃들과 별들 위에 비밀스러운 상형문자로 조심스레 드러나는, 삶의 성스러운 의미와 자연의 멋진 언어를 이해한다. 모든 사물이 영혼에게 말을 걸고, 영혼은 도처에서 부드러운 베일을 통해 사랑스러운 정신을 본다.

찬란하게 꾸며진 이 땅위에서 영혼은 삶의 경쾌한 춤을 춘다, 순진무구하게. 그리고 그저 사교와 우정의 리듬을 따르고, 다만 사랑의 어떤 조화라도 깨뜨릴까봐 걱정한다.

그 사이 영원한 노래가 울린다. 영혼은 그 노래에서 그저 가끔 보다 높은 기적을 드러내는 몇몇 단어만 들을 뿐이다.

이 마법의 원은 점점 더 멋지게 영혼을 에워싼다. 영혼은 절대 이 원을 벗어나지 못한다. 영혼이 형성하거나 말하는 것은 천진난만한 신의 세계의 멋진 비밀을 알려주는 경이로운 로망스처럼 울려 퍼진다. 감정의 매력적인 음악의 반주가 따라 나오고, 사랑스러운 삶의 가장 의미심장한 꽃들로 장식되면서.

작가 연보

1772 루터파 목사이자 시인인 요한 아돌프 슐레겔의 아들로 태어남.

1788 라이프치히에서 견습 행원. 그만 둔 뒤 독학으로 대학입시 준비.

1790 형 아우구스트 빌헬름이 다니는 괴팅엔 대학 입학. 법학을 전공하려했으나, 고전문헌학으로 바꿈.

1791 라이프치히 대학으로 옮김.

1792 1월, 프리드리히 폰 하르덴베르크(훗날 '노발리스'라는 이름으로 활동) 만남. 5월, 드레스덴 여행 중 쉴러(Friedrich Schiller)와 처음 만남.

1793 빚을 져 학업 중단. 작가로 전향. 8월에 재능 있는 미망인 카롤리네 뵈머를 알게 됨. 형의 애인이기도 한 카롤리네는 그의 문학 활동 지지해줌.

1794 1월, 드레스덴 대학으로 옮김. 희랍 문학 및 문화사 연구. 〈희랍 문학의 여러 학파에 관하여(Von den Schulen der grichischen Poesie)〉 발표

1795 쉴러의 초청으로 형 아우구스트 빌헬름 예나로 가서, 잡지 《호렌》편집에 참가.

1796 카롤리네와 형이 결혼 후 예나로 이사. 프리드리히 슐레겔도 이곳으로 이주. 새로운 문학과 철학에 몰두. 쉴러와 불화. 괴테와 친분 맺음.

1797 베를린 헨리에테 헤르츠의 살롱에서 도로테아 파이트 알게 되어, 같은 해 연인관계.

1798 형인 아우구스트 빌헬름과 함께 새로운 잡지 《아테네움》편집. 노발리스, 루드비히 티크, 프리드리히 슐라이어마허도 참가. 이 잡지는 이들 낭만주의자의 세계관을 대변해주는 역할.

1799 1월, 도로테아 이혼. 9월, 도로테아와 함께 형 아우구스트 빌헬름과 그의
     아내 카롤리네가 있는 예나로 이주. 이들의 집에 프리드리히와 도로테
     아도 반 년 가량 함께 삶. 아우구스트 빌헬름의 집을 중심으로 낭만주의
     자 집단 공식적으로 결성됨. 예나 대학 교수였던 셸링도 참가. 프리드리
     히 슐레겔, "진보적인 세계문학"(progressive Universalpoesie)에 대한 구
     상. 가을《루친데》출판.

1800 예나 대학 교수자격 시험 합격.

1801 시간강사로 '선험철학' 강의. 교수 취임은 실패. 노발리스 사망하고, 카
     롤리네가 셸링과 뮌헨으로 사랑의 도피를 함으로써 낭만주의 집단 깨
     짐.

1802 5월 바이마르에서 희곡《알라르코스》(Alarcos) 초연. 7월, 도로테아와
     함께 파리 도착.

1804 4월, 도로테아와 결혼. 유대인인 도로테아는 결혼 전 개신교로 개종. 쾰
     른에서 강의 시작.

1808 언어, 종교, 문화에 대한 그의 낭만주의적 사고를 담고 있는《인도인의
     언어와 지혜에 대하여》(Über die Sprache und Weisheit der Indier) 출판.
     도로테아와 함께 가톨릭으로 개종.

1810 잡지《오스트리아 감시자》(Österreichischer Beobachter) 창간.

1814 귀족 칭호 받음. 이때부터 집안에서 100여 년간 사용하지 않았던 귀족
     칭호를 사용함.(이미 1651년 조상 중 한 명이 귀족 칭호 받았음.)

1819 오스트리아 황제 프란츠 2세와 메테르니히를 수행하여 로마로 감.

1820 《콩코르디아》(Concondia) 제 1권 발간.

1823 《콩코르디아》최종판 간행.

1828 드레스덴으로 감. 1819년 사망할 때까지 이곳 대학에서 언어철학 강의.

1829 1월 11일과 12일 사이 밤에 사망. 드레스덴 가톨릭 무덤에 묻힘.

작품에 대해

《루친데》(부제: 미숙한 자의 고백)은 1799년 프리드리히 슐레겔이 발표한 소설로, 그와 훗날의 그의 아내가 된 도로테아와의 연애경험이 실려 있다.

도로테아는 유명한 계몽주의 철학가 모제스 멘델스존 (1729-1786)의 딸로, 원래 이름은 브렌델 멘델스존(Brendel Mendelssohn, 1764-1839)이었다. 14살인 1778년에 자신보다 10살 많은 지몬 파이트와 약혼, 1783년 18세가 되던 해에 결혼했다. 4명의 아들을 낳았으나, 두 명은 일찍 죽었다. 1797년 6월, 그녀는 친구인 헨리에테 헤르츠의 살롱에서 프리드리히 슐레겔을 만났고, 같은 해 둘은 연인 사이가 되었다.

1799년 파이트 부부는 이혼 했고, 브렌델은 어린 아들 필립 파이트에 대한 양육권은 얻었지만, 재혼하지 않고, 자신이 기독교로 개종하지 않을 뿐만 아니라, 자녀들을 기독교로 개종하게 두어서도 안 된다는 조건이었다. 이혼과 함께 베를린에서 거주할 권리도 잃었다. 하지만 그녀는 이혼하자마자 자신의 이름을 도로테아로 바꾸고, 프리드리히 슐레겔과 함께 그의 형인 아우구스트 빌헬름과 그의 아내 카롤리네가 살고 있는 예나로 떠났다. 아우구스트 빌헬름의 집은 예나의 낭만주의자들의 모임 장소가 되었고, 프리드리히와 도로테아도 이들의 일원이 되었다. 그리고 1804년에 개신교로 개종하고 슐레겔과 결혼했다. 당시로서는 파격적인 소설 《루친데》는 프리드리히와 도로테아의 이러한 자유분방한 삶이 반영되어 있다.

이 소설은 전통적인 기법으로 쓰이지 않았다. 프리드리히 슐레겔은 "포에지와 예술은 철학과는 다르다. 포에지와 예술은 요소들을 철학처럼 예리하게 구분하지 않으며, 하나의 카오스처럼 서로 뒤섞인다."고 주장한다. 특히 그가 제안한 '진보적 보편문학'(Progressive Universalpoesie)은 좁은 의미에서의 문학 혼합 즉 장르의 혼합뿐만 아니라, 철학, 수사학, 비평과 같은 모든 문학적 요소를 뒤섞으려 했다.

《루친데》는 그의 이런 생각이 구체화된 작품으로, 편지, 대화, 경구, 일기와 다른 문학적 형식 모두를 통해 루친데와 율리우스의 사랑이 기술되며, 작가의 문학·예술·철학에 대한 생각이 드러난다.